Hanno Lunin

P U A H !

ISBN 978-3-938647-19-6

HANNO LUNIN

PUAH!

ODER

ELEONORA DUSE

Dokumente und Dialoge

Neufassung 2010

<ORPHEUS UND SÖHNE> VERLAG

Umschlag dreistmedia / Alexander Beitz

unter Verwendung je eines Duse-Fotos
von Bary, Paris 1897 (Vorderseite)
und von Mario Nunes Vais, Florenz um 1910 (Rückseite)

Bildbearbeitung Veit Kenner

"Sich erheben,

sich im Geist alle Worte noch einmal zurückrufen,

alle Schauer der gewesenen Liebe noch einmal empfinden –

nachdenken –

sich eingestehen, daß er einen nie wiedergeliebt hat –

und das alles in einem einzigen Ausruf zusammenfassen:

'Puah!'"

Eleonora Duse, 24: Handschriftliche Notiz in ihrem Textbuch
zu *"La vista di nozze""* von Alexandre Dumas *fils*, Turin 1882

"Hier wird über die Duse gesprochen,
sie wandelt in der Mitte dieses Buches, an seinem Eingang,
an seinem Ausgang und an den übrigbleibenden Stellen,
auch wenn von andren die Rede ist.
Sie bleibt ja die Norm für jede Verinnerlichung …
In Jahrhunderten einmal erscheint ein Mensch ihrer Gattung.
Ohne Nachbarschaft leuchtet sie und verglüht.“
Alfred Kerr, 50: *"Die Welt im Drama“*, Berlin 1917

"Mit Eleonora Duse
ist eine wahre Fürstin im Reiche der Kunst dahingegangen.
Sie war, solange sie lebte, das unbestritten größte Phänomen ihrer Art,
die größte Tragödin der Welt. …
Man wird an sie immer denken,
wenn man sich an das Erhabenste erinnern will,
das in der Kunst
und in der Menschlichkeit erreicht worden ist."
Gerhart Hauptmann, 61: *"Nachlese zur theoretischen Prosa"*, 1924

"Im Foyer ein Bild der Duse.
Die Geistigkeit umringt sie wie eine zweite Tugend
mit einem Bannkreis, der schwer durchschreitbar ist.
Der Grund mag darin liegen, daß wir in solchen Wesen
Verwandtes, Geschwisterliches fühlen;
so spielt Inzest mit ein.“
Ernst Jünger, 46: *"Strahlungen“* I, Paris 1942

"Sie war ein großer Mensch –
sie wäre groß gewesen auch ohne das Theater.“
Hermine Körner, 81: *"Eleonora Duse zum 100. Geburtstag“*, Berlin 1959

Dieser Text entstand für Lesungen

mit Paula Wessely und Boy Gobert

im Thalia Theater Hamburg 1975
und im Konzerthaus Wien 1976

Paula Wessely und Boy Gobert
bei einer Probe zu ihrer Hamburger Duse-Lesung im November 1975

Foto: ullstein bild – du Vinage

Szenisch
ist eine Lesung dieses Textes ebenso möglich wie eine Aufführung.
Aber auch eine teils gespielte, teils gelesene Darbietung
ist vorstellbar.
Je nachdem kann der Text gekürzt werden.

Die Bühne sollte auf jeden Fall leer sein
und allenfalls
durch einzelne Möbel- oder Versatzstücke angereichert werden.

Drei Darsteller

Der Erzähler

Eleonora Duse

Alle andern

(Luigi Duse, Alessandro Duse, Hermann Bahr, Luigi Pezzana, Adolfo Drago,
Giacinta Pezzana, José Schurmann, Cesare Rossi, Giovanni Verga,
Matilde Serao, Arrigo Boito, Anton Tschechow, Ein Wiener Kritiker,
Giuseppe Verdi, George Bernard Shaw, Paul Schlenther, Erich Schlajker,
Eine Berliner Theatergängerin, Sarah Bernhardt, Jules Huret, Alfred Kerr,
Hugo von Hofmannsthal, Gabriele d'Annunzio, Römisches Publikum,
Ein US-amerikanischer Manager, Luigi Pirandello, Rainer Maria Rilke,
Gordon Craig, Edouard Schneider, Gertrud Bäumer, Benito Mussolini,
Alexander Woolcott, Charles Chaplin, Enif Robert, Julius Bab
und Siegfried Melchinger)

Erster Teil

Erzähler:

Schon ihre Geburt wurde ins Legendäre entrückt. Denn ob sie 1858 oder 59 geboren wurde, ist nicht mehr zu ermitteln. Daß es an einem 3. Oktober geschah, belegen zwar einstimmig alle Dokumente bis hin zum Grabstein; der Geburtsschein freilich, der es am besten wissen müßte, nennt den 5. Oktober.

Über den Ort ihrer Geburt ist man sich einiger. Denn die Fama, sie habe in einem fahrenden Eisenbahnzuge das Licht dieser Welt erblickt, ist wohl eher eine verbrämende Erfindung.

Aber unterwegs auf Reisen war es schon, daß ihre Eltern – Komödianten in einer wandernden Schauspielertruppe – anläßlich einer Vorstellung im lombardischen Vigevano das dortige Hotel *Zur Goldenen Kanone* bewohnten. Dort also wurde an einem frühen Oktobermorgen ihre Tochter Eleonora Giulia Amalia geboren.

Eine Reisende, stetig unterwegs, ist sie lebenslänglich geblieben. Und als sie, schon auf der Höhe ihres Ruhmes, gefragt wurde, wo in aller Welt sie sich am liebsten aufhalte, hieß die Antwort:

Duse:

"Auf der Durchreise".

Erzähler:

Sie stammte also aus einer Schauspielerfamilie, deren berühmtestes Mitglied ihr Großvater war: Luigi Duse aus Chioggia im Veneto. Vierzehn Jahre lang war er in Venedig Theaterprinzipal und einer der letzten großen Vertreter der *commedia dell'arte*, die er neu belebte, indem er die Schauspieler von ihren Masken befreite. Er verpflichtete sie aber auch zur Texttreue.

Seinen Lebensabend verbrachte er in Padua, wo das Publikum ärmer war als in Venedig. Dem trug Luigi Duse auf geschickte Weise Rechnung: wer für die Eintrittskarte kein Geld bezahlen konnte, wurde für eine Salami, ein Huhn oder einen Korb Zwiebeln ins Theater hereingelassen.

Luigi Duse:

"Bringt nur mit, Jungs, alles ist gut!"

Erzähler:

Oftmals, wenn er, nach damaligem Brauche, am Ende einer Vorstellung vor den Vorhang trat, um anzukündigen, was am nächsten Abend gespielt werden sollte, erzählte er dem Publikum von seinen Erlebnissen, irgendwelchen Abenteuern oder auch von häuslichen Sorgen und pflegte dabei zu jammern und die Zuschauer anzupumpen.

Immerhin verdiente er auf solche Weise genug, um in Padua das *Duse-Theater* bauen zu können. Über der Bühne ließ er als Inschrift installieren:

Luigi Duse:

"Dem Volk von Padua in Dankbarkeit gewidmet von Luigi Duse".

Erzähler:

Luigis Bruder, seine Söhne, seine Enkel und Neffen gingen alle zum Theater. Insgesamt sechsundzwanzig Duses sollen Schauspieler gewesen sein, bevor Eleonora diesen Beruf ergriff. Nur Luigi Duses Frau, Eleonoras Großmutter also, hatte gar nichts übrig für diese Kunst. Sie war eine adelige Dame, die eher alles versuchte, ihren Mann vom Theater abzubringen. Denn es war ihr so zuwider, daß sie es in ihrem ganzen Leben kein einziges Mal betrat.

Eleonoras Vater war Luigis Sohn: Vincenzo, der sich als Künstler Alessandro nannte, Alessandro Duse, aber wenig erfolgreich war und auch eigentlich lieber malte als spielte. Als er einmal in einem Schauerstück den Effekt eines Aktschlusses total verpatzte, steckte Vater Luigi seinen Kopf aus der Proszeniumsloge und rief mit lauter Stimme:

Luigi Duse:

"Du Esel!"

Erzähler:

Donnernder Applaus zwang den alten Duse hiernach, auf die Bühne zu gehen, sich zu zeigen und zu bedanken.

Sohn Alessandro hatte auf der Wanderschaft ihrer Truppe ein schönes Landkind aus dem venezianischen Vicenza kennen gelernt und geheiratet: Angelica Cappelletto, die niemals Theater gespielt hatte, nun in ihrer Ehe aber, wenn Not am Manne war, gleichfalls auf die Bühne mußte. Sie nahm das in lustloser Pflichterfüllung auf sich.

Das Kind dieses wenig talentierten Paares also war Eleonora Duse.

Zwei Tage alt, wurde sie nach lombardischem Brauchtum in vergoldetem Schreine mit gläsernen Seitenwänden zur Taufe in die Kirche *San Ambrogio* getragen. Österreichische Soldaten, die da just auf der Straße patrouillierten, glaubten, einer Prozession mit Reliquienschrein zu begegnen, und präsentierten das Gewehr. Der stolze Vater erzählte das am Bett der Wöchnerin und später noch oft:

Alessandro Duse:

"Aus unserer Tochter wird mal was: sie haben schon vor ihr präsentiert."

Die kleine Wandertruppe des Alessandro Duse war da nämlich in die Wirren jenes *Zweiten Unabhängigkeitskrieges* geraten, der mit franzözischer Hilfe und vielen Freiwilligen gegen Österreich geführt wurde. Aber jenes venezianische Chioggia, wohin die Truppe verschlagen wurde, blieb noch sieben Jahre lang österreichisch.

Von hier aus führte die heranwachsende Eleonora mit ihren Eltern ein armseliges Wanderleben. In winzigen, schmutzigen und stinkenden Gasthöfen verbrachte sie die Nächte, tags wurde sie in einem Kleiderkorbe ins Theater mitgenommen oder auch allein zurückgelassen. So war ihre ganze Kindheit von Hunger, Kälte und Einsamkeit geprägt – und, natürlich, vom Theater.

Mit vier Jahren stand sie zum ersten Mal in einer Rolle auf der Bühne.

Duse:

"Von meinem vierten Lebensjahr an habe ich mir mein Leben selbst verdient; ich weiß Bescheid!"

Erzähler:

Diese erste Rolle war die kleine Cosette in *"Les Misérables"* von Victor Hugo. Man spielte in Chioggia. Sie machte ihre Sache brav, unbekümmert ums Publikum, aber ohne auffallendes Talent.

Als Fünfjährige stand sie dann erstmals auf dem Besetzungszettel: Eleonora Duse, und von nun an spielte sie ständig mit.

Hermann Bahr:

"Sie war aber durchaus kein Wunderkind."

Erzähler:

Das berichtet so in seinen *"Glossen"* ihr wohlinformierter Kritiker und Biograf Hermann Bahr:

Hermann Bahr:

"Sie machte ihre Sache ganz gut, gab sich alle Mühe, schien aber, sei es durch das Gefühl ihrer Armut, sei es durch einen tiefen Ekel vor dem Leben, wie ihn kränkelnde Kinder oft haben, so bedrückt und verkümmert, daß man, wenn sie ihre Rollen so träge, halb im Schlafe und wie verstört zu murmeln begann, nur Mitleid mit ihr haben konnte.

Sie hatte auch nicht die Gabe, die Menschen anzusprechen.

Sie muß trotzig und störrisch gewesen sein, und am liebsten war sie mit alten Statuën allein, die sie stundenlang betrachten und ihre Haltung, ihre Gebärden verzückt nachahmen konnte."

Erzähler:

Auch als Venetien 1866, just an Eleonoras siebentem oder achtem Geburtstage, endlich italienisch wird, geht es der armen Truppe der Duses nicht gerade besser. Sie ziehen von Dorf zu Dorf, spielen auf Jahrmärkten und manchmal vor nur zehn Zuschauern. Eine ganze Saison über bestehen die Mahlzeiten nur aus selbstgepflücktem Chicoré, Eleonoras Garderobe einen ganzen Winter hindurch nur aus einem abgetragenen, verfärbten Jäckchen.

Die Schule besucht sie immer nur gastweise. Viele Volksschulen nehmen sie als Schauspielerkind überhaupt nicht auf oder setzen sie in der Klasse abseits von den andern Kindern, die nicht mit ihr sprechen dürfen.

Sie verschließt sich immer mehr und hängt mit großer Liebe an ihrer Mutter. Als diese schwer an Tuberkulose erkrankt und ins Hospital muß, zieht die Truppe weiter. Eleonora übernimmt die Rollen ihrer Mutter und tritt

19

als Zwölfjährige in erwachsenen Rollen und Liebesszenen auf.

Knapp vierzehnjährig spielt sie in Verona, in der Arena des Tatorts gleichsam, Shakespeare's Julia.

<u>Duse:</u>

"An einem Mai-Abend betraten wir Verona. Angst würgte mich. Meine Fantasie war von einem sonderbaren Zusammentreffen erregt: ich war gerade vierzehn Jahre alt – wie Julia! Mein eigenes Schicksal floß mit dem der Veroneserin zusammen, an jeder Straßenecke glaubte ich, mir einen Leichenzug entgegenkommen zu sehen, der einen Sarg unter weißen Rosen begleitete.

Dann, an einem Sonntag, in der ungeheuren Arena, vor einer riesigen Volksmenge, war ich die Julia.

Kein rauschender Erfolg, kein Triumph hat mir später eine solche Trunkenheit beschert wie jene große Stunde."

<u>Erzähler:</u>

Zum ersten Male kommt hier auch ihre später so berühmte Fantasie zum Durchbruch, die Gegenstände und Requisiten zu wichtigen Ausdrucksträgern macht.

<u>Duse:</u>

"Von meinen Spargroschen hatte ich auf dem Blumenmarkt einen großen Strauß Rosen gekauft. Diese Rosen waren mein einziger Schmuck. Ich teilte sie auf Worte, Gesten und Gänge auf. Eine Rose ließ ich vor Romeo hinfallen, als wir uns zum ersten Mal begegneten; die Blätter einer anderen streute ich vom Balkon herab über Romeo, und mit allen andern bedeckte ich dann seinen Leichnam in der Gruft.

Als ich über Romeos Leiche niedersank, brüllte die Menge im Dunkel mit solcher Heftigkeit, daß ich erschrak.

Irgend jemand hob mich auf und schob mich diesem Geschrei entgegen ... ".

Erzähler:

Dennoch ist Eleonoras beuflicher Aufstieg langwierig und mühsam. 1873 wird die Vierzehnjährige als *"die Letzte für naive Rollen"* in die Truppe Duse-Lagunaz aufgenommen, ein Jahr später in die Truppe Benincasa. Deren Direktor Luigi Pezzana bringt keinerlei Verständnis dafür auf, daß hier eine junge Schauspielerin einen eigenen und neuen Weg sucht, Klischees und Konventionen meiden will und nach einer größeren persönlichen Wahrhaftigkeit strebt.

Pezzana tadelt sie auf der Probe:

Luigi Pezzana:

"Dieser Satz geht so nicht!! ... Warum geben Sie es eigentlich nicht auf, unbedingt Künstlerin sein zu wollen? Merken Sie gar nicht, daß das kein Brot für Ihre Zähne ist? Suchen Sie sich schleunigst ein anderes Handwerk!"

Erzähler:

Als sie siebzehn ist, stirbt ihre Mutter an Schwindsucht und wird aus Armut in einem Massengrab beigesetzt.

Eleonora wechselt nun häufig die Truppe, ist überall recht erfolglos und muß sich schließlich in der *Compagnia Adolfo Drago* sogar von ihrem Vater trennen. Sie ist klein und unelegant, trägt ein verfärbtes und abgetragenes Baumwollkleid, ist ernst und nachdenklich, also alles, was das Publikum jener zweitklassigen Provinzbühnen überhaupt nicht goutiert.

Ihre Erfolglosigkeit deprimiert sie und macht sie unsicher, der Direktor wirft ihr Lustlosigkeit vor, und vom Publikum wird sie ignoriert.

In Trient wird sie mitten in der Saison von Direktor Drago Hals über Kopf gekündigt.

Duse:

"Aber warum?

Drago:

Weil niemand was von Ihnen wissen will."

Erzähler:

Knapp zwanzigjährig, hat sie 1878 bei der Truppe Ciotti-Belli-Blanes, die in Neapel spielt, ihr erstes bedeutenderes Engagement als Liebhaberin.

Hier fällt sie immerhin in oberflächlichen Aufführungen von *"Hamlet"* und *"Othello"* als Ophelia und Desdemona auf und zieht bereits einen eigenen Verehrerkreis allabendlich in ihre Vorstellung. Als Elektra im *"Oreste"* des Vittorio Alfieri hat sie ihren ersten persönlichen Erfolg mit Szenenapplaus und endlosen Hervorrufen.

In dieser Vorstellung verliebt sich Martino Cafiero in die junge Schauspielerin. Er ist als Publizist ebenso berühmt wie als *homme à femmes*, nutzt Eleonoras erotische Ahnungslosigkeit und läßt sie im Stich, als sie schwanger ist. In *Marina di Pisa* bringt sie ein Kind zur Welt, das nach wenigen Tagen stirbt. Allein trägt sie den kleinen Sarg zum Friedhof –

und kehrt zum Theater zurück. Neben der berühmten Giacinta Pezzana spielt sie in der Bühnenfassung des Romans *"Thérèse Raquin"* von Émile Zola. Am Premierenabend ist die Erschütterung so groß, daß der Applaus ganz ausbleibt, das Publikum schweigt.

Und die prominente Kollegin Giacinta Pezzana sagt:

Giacinta Pezzana:

"Laßt ihr ein wenig Zeit, und, ich versichere euch, dieses zarte Geschöpf wird die größte Schauspielerin Italiens."

Erzähler:

Émile Zola dankt ihr mit einem bewegten Brief. Der Ruhm hat sie zum ersten Male gestreift.

Duse:

"Der Ruhm? Spürst du nicht die Bitterkeit und den Hohn, der schon im Klang dieses Wortes liegt?"

Erzähler:

Nun geht es aufwärts. Zweiundzwanzigjährig, ist sie bereits die Erste Schauspielerin bei der Truppe Rossi in Turin.

Aber die Zeitläufte sind dem Theater nicht hold. Vor halbleeren Häusern spielt Eleonora ein Repertoire läppischer italienischer und schlecht übersetzter billiger französischer Lustspiele. In der Abendkasse sind oft nicht mehr als dreißig Lire.

Eleonora spielt mit dem Gedanken, vom Theater abzugehen.

Da kommt Sarah Bernhardt zu einem Gastspiel nach Turin. Sarah befindet sich damals auf dem Zenit ihres Weltruhms. Um die eigenen Finanzen aufzufrischen, überläßt ihr Direktor Cesare Rossi für ein paar Tage sein Theater, die junge Duse ihre Garderobe, in die der Weltstar tagelang Einzug hält: mit Bergen von Koffern, Kisten, Schachteln und Käfigen voller Katzen, Hunde, Raubtiere und Affen.

Die Vorstellungen sind ausverkauft, das Theater erstrahlt im Glanz des französischen Erfolges. Eleonora Duse sieht jede einzelne Vorstellung, folgt jedem Wort, jeder Geste, jedem Wimpernzucken der großen Diva.

Sarahs Impresario José Schurmann hat die Unbekannte während der Vorstellung beobachtet und sie in seinem Tagebuch beschrieben:

<u>José Schurmann:</u>

"Ein junges, braunes, schlecht gekleidetes Mädchen von reinstem italienischem Typus, nicht schön, aber mit einem äußerst beweglichen und in der Erschütterung zu erstaunlicher Schönheit gesteigerten Gesicht. Sie ist der Star der hiesigen Theatertruppe und steckt noch im Keim. Sie scheint sehr ehrgeizig zu sein, aber ich glaube kaum, daß sie es mit dieser äußeren Erscheinung beim Theater je zu etwas bringen wird."

<u>Erzähler:</u>

Ohne zu ahnen, was da ihr eigener späterer Agent in diesem Augenblick über sie dachte, ist Eleonora von Sarah hingerissen und applaudiert, außer sich vor Freude.

<u>Duse:</u>

"Sarah Bernhardt kam, von ihrer großen Aureole, ihrem schon die Welt umspannenden Ruhme erleuchtet.

Mir war, als ob mit ihrem Nahen alle die alten welken Schatten des Konventionellen und der versklavten Kunst in nichts zergingen.

Endlich jemand, der unserem Beruf wieder Würde verleiht, der der Menge Respekt vor dem Schönen einflößt und sie zwingt, sich vor der Kunst zu verneigen.

Es war wie eine Befreiung.

Nun ist sie da, sie spielt, sie triumphiert, sie ergreift Besitz von uns allen – und sie geht wieder ... aber wie ein großes Schiff läßt sie eine Spur hinter sich, und lange noch bleibt in dem alten Theater jene Atmosphäre, die sie mitgebracht hatte.

Eine einzige Frau hat dies alles vermocht! Auf eine mittelbare Weise fühlte auch ich mich befreit; ich empfand, daß ich das Recht habe zu tun, was mir richtig erscheint – und das heißt: anderes, als man mich bisher zu tun gezwungen hat. Wie vom Blitz erhellt, sah ich den Weg vor mir, den ich gehen muß.

Er führt genau in die entgegengesetzte Richtung."

Erzähler:

Sarah Bernhardt hatte *"Die Prinzessin von Bagdad"* von Alexandre Dumas gespielt. Als sie abgereist ist, soll es in Turin mit dem italienischen Durchschnittsrepertoire weitergehen. Aber Eleonora Duse protestiert unverhofft und macht ihrem Direktor Rossi eine unbegreifliche Szene:

Duse:

"Wenn ich morgen wieder spielen soll, dann nur die 'Prinzessin von Bagdad'.

Rossi:

Was? Das kann nicht Ihr Ernst sein. Nach der Sarah Bernhardt?

Duse:

Gerade. Sarah hat zwischen Bühne und Zuschauerraum eine Welle der Sympathie entstehen lassen und alle Schatten künstlerischer Unfreiheit verjagt. Diese Situation will ich ausnutzen.

Übrigens hat sie ja eine andere Rolle in diesem Stück gespielt, nicht die Prinzessin, die ich spielen werde.

Rossi:

Aber die Prinzessin ist in Paris ausgepfiffen worden!

Duse:

25

Ein Grund mehr.

<u>Rossi:</u>

Ich gestatte diesen Wahnsinn auf gar keinen Fall.

<u>Duse:</u>

Dann gehe ich.

<u>Rossi:</u>

Und wohin, bitte?

<u>Duse:</u>

Das weiß ich nicht. Aber entweder lassen Sie mich die 'Prinzessin von Bagdad' spielen, oder ich verlasse Sie."

<u>Erzähler:</u>

Und sie spielt die *"Prinzessin von Bagdad"* . Und hat einen Erfolg wie noch nie zuvor. Turin jubelt ihr noch mehr zu als dem französischen Star, und José Schurmann, jener gerade noch so skeptische Impresario, bietet der Duse eine Gastspielreise ins Ausland an.

Aber sie lehnt ab.

<u>Duse:</u>

"Im Ausland würde mich niemand verstehen. Um sich bei einem Publikum durchzusetzen, das die Sprache nicht versteht, in der man redet, muß man Genie haben, und ich habe nichts als ein bißchen Talent. Lassen Sie mich in Ruhe bei meinem Versuch, meine Kunst zu vervollkommnen, und bemühen Sie sich nicht, mich von dem Leben abzulenken, das ich mir vorgenommen habe.

Wenn es mir gelingt, und wenn ich wirklich Vertrauen zu mir selbst gewonnen habe, können wir wieder einmal davon sprechen."

<u>Erzähler:</u>

In Turin hat Eleonora nicht nur ihren ersten künstlerischen Triumph, in Turin heiratet sie auch: im selben Jahr 1881, knapp dreiundzwanzigjährig. Sie heiratet Tebaldo Marchetti, einen intelligenten und gutmütigen, aber wenig begabten Kollegen ihrer Truppe, der sich den Künstlernamen Checchi ausgesucht hat.

Diese Ehe ist die gute Kameradschaft und Lebensgemeinschaft zweier ungleicher Partner. Wenige Monate nach der Hochzeit schreibt Eleonora aus Bologna an ihren Vater:

<u>Duse:</u>

" ... Tebaldo ist voll guten Willens und voller Anhänglichkeit an mich – er hat seine Gewohnheiten so gänzlich gewandelt, daß er nicht einen Schritt mehr ohne mich geht ... Aber man würde sich zu Hause noch etwas wohler fühlen, wenn ich nicht kränkeln würde. Doch geht es mir schon ständig besser, und Tebaldo sagt, ich würde zur Matrone.

Ach, hoffen wir es!

Unsere Gesellschaft findet hier in Bologna sehr großen Beifall, nur ist das Publikum nicht immer sehr zahlreich. Jedoch – es geht nicht schlecht. Man sagt mir, ich werde Karriere machen. Ach! Wenn man das wüßte! Ich habe schöne Erfolge. Es erübrigt sich wohl zu sagen, daß Tebaldo das mehr genießt als ich.

Lieber Papa, schreiben Sie uns. Wenn es Ihnen Freude macht, Tebaldo zufrieden zu wissen, so bin ich glücklich, Ihnen versichern zu können: er ist es ganz – und ich bin es mit ihm."

Erzähler:

Im Februar 1882 bringt Eleonora ihre Tochter zur Welt: Enrichetta Angelica. Doch infolge einer Unvorsichtigkeit erkrankt sie anschließend selbst sehr schwer und zieht sich zur Heilung nach *Bocca d'Arno*, einem Nest in der Nähe von Pisa, zurück.

Hier findet sie Muße, über ihren Beruf zu meditieren.

Duse:

"Es ist nicht leicht, das Publikum zu überzeugen, wenn es gewisse Idealvorstellungen hat. Es bedarf großer Mühe.

Kurz vor meiner Erkrankung ging ich in Bologna durch den Zuschauerraum zur Bühne – weil es dort keinen Bühneneingang gibt – und sah zwei einfache Frauen, die ganz früh gekommen waren, um einen guten Platz zu ergattern. Sie schwatzten,

da entdeckt mich die eine, erkennt mich, stößt die andere an und sagt: 'Oje! Schau mal, wer da geht! Das ist sie! Die Duse!'

Die andere dreht sich um, starrt mich an, und ich höre sie sagen: 'Dies kleine Dämchen? Die gefällt mir aber gar nicht!'

Für viele müßte eine Primadonna ganz andere Proportionen haben.

Ein Teil des Publikums nimmt mich noch nicht so auf, wie ich aufgenommen werden möchte, denn ich gebe die Dinge nur auf meine Weise, das heißt, wie ich sie fühle. Es ist üblich, in gewissen Situationen die Stimme zu erheben und sie bis aufs Äußerste zu steigern, während ich gerade bei der Empfindung heftiger Leidenschaft häufig die Stimme ersterben lasse und mit kaum bewegten Lippen ganz leise spreche. Daraufhin sagen viele, ich hätte weder Ausdruck noch Gefühl und litte nicht.

Jeder hat seinen eigenen Charakter, und jeder drückt seine Gefühle auf seine besondere Weise aus. Habe ich nicht recht? Ach!

Aber ... sie werden schon kommen!"

Erzähler:

Kaum genesen, spielt sie wieder, nach der *"Prinzessin von Bagdad"* nun auch andere Stücke von Dumas: *"Une visite de noces"* und vor allem ihre Paraderolle der Césarine in *"La femme de Claude"*, *"La moglie di Claudio"*, mit der sie in Venedig, Milano und Florenz Triumphe feiert.

Dann gilt es, Rom zu erobern.

Die Römer lassen sie anfangs spüren, daß sie dem Enthusiasmus der Turiner, Florentiner und Milanesen mißtrauen. Die Kritiker stellen nicht allzu günstige Vergleiche mit Sarah Bernhardt an.

Eleonora ist verwirrt und vertraut sich dem Marchese Francesco d'Arcais an, einem ihr wohl gesonnenen Rezensenten der Zeitung *"L'Opinione"*:

Duse:

"Rom, 13. September 82.

Sehr verehrter Marchese,

es gibt Worte, die aufrichten. Es gibt Geschöpfe, die Kritik und Korrektur lieben und brauchen. Es gibt eine fruchtbare, gerechte Kritik.

Und es gibt eine Kritik, die vernichtet. Das ist mir geschehen, als ich 'Libertà' las.

Ehe ich nun in mich gehe und mich zu fassen versuche, erwarte ich von Ihnen, mein Lieber, ein aufrichtiges, positives und zuverlässiges Wort. Denn Sie waren der Erste, der gesagt hat, daß ich mit keiner italienischen Schauspielerin zu vergleichen sei ...

Heute, indes, hat sich ein Gerücht verhängnisvoll an mich geheftet und bedrängt mich so, daß es mir den Atem nehmen könnte. Dieser erwähnte 'Ein-

29

fluß' (der von mir hoch geschätzten Sarah) auf mich verwirrt mich, und ich empfinde das Wort als ungerecht.

Bei Ihnen nun, Marchese, liegt die Entscheidung, und ich verlange Offenheit über diesen Punkt. Ich liebe die Kunst zu sehr, und mir liegt sehr daran, daß sie ganz eigen und persönlich ist – im Gefühl, im Ausdruck, in Geist und Seele ganz eigen und persönlich.

Weh mir, wenn es nicht so wäre ... "

Erzähler:

Aber dann spielt sie *"La moglie di Claudio"* in Rom, und ihr Name ist in aller Munde. Glücklich und übermütig schreibt sie an den Journalisten Gennaro Minervini in der Redaktion der Zeitung *"Capitano Fracasso"*:

Duse:

"Gennarino meines Herzens ... ach! wenn Du wüßtest, was das für ein Gewicht ist, der Ruhm, uhm, uhm!!!

Ich bin so sicher, daß Du mir verzeihst, wenn ich Dir diesen Zeitungsausschnitt beifüge. Gennarino, mein Guter, druck ihn mir im 'Capitano' ab ... tu mir diesen Gefallen.

Mag sein, daß ich leichtsinnig und eitel bin ... na gut! was kann man machen! ... "

Erzähler:

Sie weiß die Freundschaft dieses Journalisten zu nutzen.

Duse:

"Lieber Gennarino,

ich bitte Dich, erwähne in 'Fracasso' den Erfolg Deiner erkälteten Eleonora in 'Clotilde' - ... weise darauf hin, daß 'Fernande' am Dienstag wiederholt wird – auf Wunsch! Und Donnerstag wieder 'Fedora' – weise auch darauf hin.

Morgen abend werde ich nicht auftreten und erwarte Dich also zu Hause.

Eleonora"

Erzähler:

Rom liegt ihr zu Füßen, und ihr Selbstvertrauen wächst.

Im Sommer 1883 erkrankt sie an bronchial-asthmatischen Beschwerden und zieht sich aufs Land zurück. Von hier aus schreibt sie an den Marchese d'Arcais:

Duse:

"Ich bin hier allein, in der Nische eines kleinen, niedrigen, vergitterten Fensters, an das ich ein Brett angebracht habe, und hierauf stütze ich beide Ellenbogen –

und meine Gedanken.

Der Tag ist drückend: Regen, Regen, Regen und Regen. Das Gebirge schrumpft unter dem Regen zusammen, und das Tal ist nichts als Nebel. Ich versichere Sie, wenn man von hier oben das Dorf sieht und die ärmlichen Hütten und alles, was Anzeichen von Bewohntheit trägt,

so kommt einem ein Mitleid, ein Mitleid, das keine Tränen hat, denn es ist ganz Trostlosigkeit. Diese Häuser, so zusammengedrängt, so auf einem Haufen, geben genau das Gefühl unserer Armut, unserer Schwäche – im Leben und für das Leben. Es wird einem klar, daß die Leute sich zusammentun, weil sie leiden und weil die Einsamkeit der Menge Angst macht. Ach, wenn ich daran denke, daß ich in dieses Gewirr zurück muß, in diesen Nebel hinein, dann empfinde ich für mich dasselbe Mitleid.

31

Und doch! Wenn ich wieder ganz gesund sein werde ... wer weiß, ob ich dann nicht die Erste bin, die es wieder herbeiwünscht. Bis jetzt kann ich Ihnen versichern, daß ich die Bühne fast vergessen habe. Ja, mir kommt vor, als hätte ich nie gespielt.

Spielen? Was für ein häßliches Wort! Wenn es darum ginge, bloß zu spielen, so weiß ich, daß ich nie spielen konnte noch je werde spielen können. Jene armen Frauen meiner Stücke sind mir so in Herz und Kopf eingegangen, daß,

während ich mich mühe, sie, so gut es eben geht, denen, die mir zuhören, verständlich zu machen, so als wollte ich sie trösten –

sie es sind, die letzten Endes mir Trost bringen!

Wie und warum und von wann an mir dieser liebevolle, unerklärliche und unaufhebbare Austausch geschieht – das genau zu erzählen, wäre zu lang und schwierig. Tatsache ist, daß während alle Leute jenen Frauen mißtrauen, ich mich sehr gut mit ihnen verstehe. Ich kontrolliere nicht, ob sie gelogen haben, verraten haben, gesündigt haben, Perversionen haben; wenn ich nur spüre, daß sie geweint haben, gelitten haben, um zu lügen oder zu verraten oder zu lieben ...

ich stehe zu ihnen und für sie ein ... "

Erzähler:

Im Herbst 1883 kehrt sie, genesen, wieder auf die Bühne zurück und feiert Triumphe, an denen ihr Bewußtsein und ihr Kunstverstand wachsen: 24jährig schreibt sie einen Brief an Icilio Polese Santamecchi, den Herausgeber der Theaterzeitschrift *"L'arte drammatica"*; er hatte sie um eine Formulierung ihrer Kunstauffassung gebeten:

Duse:

"Glauben Sie wirklich, daß man über Kunst sprechen kann?

Es wäre dasselbe, als wollte man die Liebe erklären. Wir alle haben deren Leidensweg, diese 'via crucis', beschritten – und alle haben darüber gesprochen. Aber niemand hat sie jemals deuten können. Man liebt, wie man liebt

– und man ist Künstler, wie man es fühlt. Regeln, Gebote, Überlieferungen vor allem haben für die Kunst keinen Wert. Wer sich anmaßt, Kunst zu lehren, versteht überhaupt nichts davon.

Ich sage es Ihnen ohne Pose (denn ich posiere niemals – diesen Grad von Verdummung habe ich noch nicht erreicht): ich hatte für dieses Jahr einen Erfolg in Rom weder erhofft noch für möglich gehalten. Nun erfüllt er mich mit einer verheißungsvollen Heiterkeit, die mir sehr wohl tut. Und wenn Ihnen jemand erzählen will, ein Erfolg verderbe den Künstler, so müssen Sie ihm entschieden widersprechen. Der Erfolg hat zweifellos etwas Aufbauendes, und er erweckt jene Begeisterung, die unentbehrlich ist für die tägliche Arbeit.

Was mich betrifft, so werde ich, wenn die Jugend vergangen ist – und wenn unter erhoffte und erlangte Erfolge das Wort Ende zu setzen ist – meine Laufbahn beschließen, mich in die Stille flüchten und gläubig bekennen, daß ich in die Kunst, in die Kunst als Form und Inhalt, meine ganze Seele gelegt habe.

Das wird der Lohn sein.

Zerreißen Sie diesen dummen Brief – aber halten Sie mich nicht für dumm."

Erzähler:

Klug genug ist sie gleichfalls, ihre Gage aufbessern zu lassen und sich als Teilhaberin in die Leitung ihrer Truppe aufnehmen zu lassen.

Sie leitet jetzt auch Proben, hilft ihren Kollegen, Rollen anzulegen, auch zu spielen, was zwischen den Textzeilen steht, und statt einzelner Sätze lieber das Zentrum von Figuren und Situationen zum Ausgangspunkt zu machen.

Mehr und mehr nimmt sie auch Einfluß auf den Spielplan und setzt zum Beispiel gegen allseitigen Widerstand ein Stück von Giovanni Verga durch, das sie 1884 in Turin zu einem großen Erfolg bringt und das später in der Vertonung durch Pietro Mascagni ein klassischer Welterfolg werden soll: *"Cavalleria rusticana"*. Sie spielt hier die Santuzza, und Autor Verga gesteht ihr tief erschüttert:

Giovanni Verga:

"Die 'Cavalleria rusticana' gehört Ihnen mehr als mir".

Erzähler:

Zwei Monate später kommt es in Triest zu einem Mißerfolg –

Duse:

" – zu einem phänomenalen Fiasko – "

Erzähler:

– mit *"La signora dalle camelie"* von Dumas, einer ihrer späteren Paraderollen.

Duse:

"In mir selbst und nicht beim Publikum muß ich die Ursache suchen, warum ihm meine Marguerite nicht liegt. ... Und ich werde sie finden."

Erzähler:

Tatsächlich hatten freundschaftliche Beziehungen zu zwei Schauspieler-Kollegen sie allzu sehr abgelenkt, auch zu Klatsch und Verdächtigungen Anlaß gegeben.

Duse:

"Das Publikum hat immer Recht."

Erzähler:

Doch im Herbst 1884 kehrt das Ehepaar Duse-Checchi nach Rom zurück, und Eleonora steht allabendlich erfolgreich auf der Bühne des dortigen *Teatro Valle*. Dumas-fils hat eigens für die 25jährige ein neues Stück geschrieben: *"Denise"*, das sie sofort zu probieren beginnt.

Aber am Tage vor der Premiere erleidet sie einen Blutsturz und schwebt in Lebensgefahr. Die Ärzte geben sie auf und sagen ihr das ins Gesicht. Sie jagt die Ärzte aus dem Zimmer und steht nach wenigen Tagen mit *"Denise"* auf der Bühne.

Duse:

" 'Denise' ist mein größter Erfolg. Ich kann Dir nicht sagen, in welchen Grad von Erschütterung das Publikum im Dritten Akt gerät.

Die ersten beiden Akte sind drückend, aber sie interessieren. Ich habe da sehr wenig zu spielen. Der letzte Akt gefällt mir gar nicht. Ich habe bloß eine einzige Szene – aber die ist das ganze Stück wert. Ich habe gut gespielt, das sage ich Dir.

Ach, die Kunst: was für eine Vergeudung meines Lebens!

Und was für eine Kraftquelle. Ich könnte nicht leben, wenn ich die Kunst nicht hätte!"

Erzähler:

In der Tat ist sie von der Krankheit gezeichnet, die sie von nun an bis ans Lebensende begleiten wird. Denn Lungen und Atemwege sind erheblich geschwächt.

Aber ihr Wille ist stark und hilft über viele Anfechtungen hinweg.

Duse:

"Ich werde Theater spielen.

Ich werde Kunst machen – immer!

Ich werde nach Amerika gehen ...

Ich werde nach Spanien gehen ...

Ich werde nach Wien gehen ...

Ich werde ... aufsteigen.

Ich werde meinen Namen tragen, so weit ich kann.

Ich werde mein Herz verborgener halten als einen Kiesel im Brunnen.

Ein einziges großes, unendliches Wort: Kunst!"

Erzähler:

Aber dieser Ehrgeiz wird ständig gebrochen. Im März 1885 schreibt die *circa* 26jährige aus Rom an eine Freundin:

Duse:

"Eines Tages werde ich durchbrennen.

Heute bin ich so traurig, wie Du's nicht ahnen kannst. Ich habe bis jetzt Probe gehabt, und während der ganzen Probe bin ich auf dem Sofa geblieben, ohne den Mund zu öffnen. Ich sage Dir nichts von der Truppe. Außer der Tassinari, die gut spricht und hübsch ist – der Rest täte besser zu schweigen. Nicht einer, der versteht, der mitschwingt.

Ich schreibe Dir in den Pausen der Proben zu 'Merkwürdiger Vorfall'. Wenn Du sehen könntest, wie kümmerlich dieser Probenraum ist! Mich hat eine Trauer befallen, wie ich sie nicht beschreiben kann. Schon ein Ekel, der fast nach Desillusion schmeckt. Ekel vor was? wirst Du mich fragen. Einfach so – vor allem. Der einzige Augenblick der Erleichterung ist, wenn ich fühle, daß ich einschlafe – und der ekelhafteste Augenblick, wenn ich aufwache.

Ich wünsche mir eine Seereise, um zwanzig Tage allein zu leben, auf meine Weise.

Gesundheitlich bin ich nicht recht gut beieinander. Gestern abend, nach zwei Abenden 'Froufrou' habe ich 'Bagdad' gespielt. Heute abend 'Locandiera', morgen 'Ein merkwürdiger Vorfall'. Samstag und Sonntag dieser verhaßte 'Eisenhüttenbesitzer' – doppelte Anstrengung, da es mir unsympathisch ist. Und schließlich Montag 'Denise'.

Kaum wird das alles zu Ende sein, wird man mit 'Theodora' anfangen müssen.

Mir ist, als wäre ich eine Lampe ohne Docht.

Das klingt nach Scherz, ist aber keiner."

Erzähler:

Die Saison in Rom endet mit einer Vorstellung von *"Denise"*. Als die Duse mit ihrem Partner nach der Vorstellung das Theater verläßt, huldigt ihr das Publikum noch auf der Straße mit Sprechchören und bengalischem Feuerwerk. Bewegt schüttelt sie die Hände ihrer Anhänger –

und besteigt am nächsten Tage das Schiff zu ihrem ersten Auslandsgastspiel: Südamerika.

Aus *Rio de Janeiro* schreibt sie an ihre Freundin, die Autorin Matilde Serao:

Duse:

"25. August 1885.

Alles in mir habe ich zum Schweigen bringen und als Unternehmerin (auch als Künstlerin) für Erfolg sorgen müssen.

Und es ist mir gelungen.

Ich hätte nicht geglaubt, daß ich so viel Kraft besitze. Während der arme Diotti krank danieder lag (fünf Tage lang mit dieser verfluchten Krankheit), sind wir ohne ihn aufgetreten. (Wie ersetzt man ihn? wie? ach, wie traurig ist das!)

Am ersten Abend 'Fedora', das Theater überfüllt – und ein vollständiges Fiasko für Deine kleine Eleonora ... Das Theater ist groß, riesengroß ... ich fühlte mich schwach und klein ... es schien mir unmöglich, daß meine Stimme bis nach hinten ins Parkett dringen könnte ... ich hätte, damit sie durchdränge, das 'Ich liebe dich, Loris' so sprechen müssen, wie ich nur 'Geh doch weg' hätte sagen können. Dabei bis zum Schluß der Vorstellung ein ständiges störendes Gemurmel im Saal.

Die Zeitungen am Morgen gaben kein endgültiges Urteil ab, sondern stellten nur fest, daß etwas nicht Faßbares in mir Eindruck auf sie gemacht habe.

...

Am Tage darauf 'Denise'. Das Theater – ein Riesenraum – beinahe leer – vier oder fünf Reihen im Parkett und vier oder fünf Reihen im Rang – die Seitenlogen neben der Bühne zum Teil mit Presse besetzt – und wenigstens dort herrschte etwas Aufmerksamkeit. Im Dritten Akt habe ich geweint –

und weinen lassen, so lange ich konnte – so lange ich wollte.

Das Schiffchen begann, langsam, sehr langsam flott zu werden.

An Stelle des noch immer kranken Diotti sprang Cottin als Fernaud ein, aber der Kranke lenkte mich ab. Es kam mir vor, als müßte ich Herz und Gedanken vor der Gegenwart verschließen, um überhaupt spielen zu können ... dann aber habe ich, da es sich um das Leben eines guten, armen Jungen handelte, an jener verfluchten und gepriesenen Rampe die Worte gesprochen: 'Gewähr uns die Gnade, Madonna, und rette den Armen – tu es doch – unterlasse es nicht – rette ihn – laß mich als Künstlerin untergehn – aber rette uns den Armen ... '.

Zwei Tage später war alles zu Ende, und wir ... wir spielen ohne ihn weiter ... und Deine kleine Eleonora hat gesiegt ... sie hat gesiegt ...

Am dritten Abend in 'Fernando' habe ich wie noch nie mein Herz gespürt – mein Blut – meine Intelligenz – meine Willenskraft ...

Ich habe gut gespielt, wirklich großartig: Dir allein gestehe ich es."

Erzähler:

In *Buenos Aires* findet im August 1885 die erste tiefgreifende Krise zwischen Eleonora und ihrem Ehemann statt. Äußerer Anlaß ist ihre zunehmende Neigung für den Partner Flavio Andò.

Eleonoras Freundin Matilde Serao berichtet:

Matilde Serao:

"Es war für die drei Hauptdarsteller eine traurige Zeit in Buenos Aires.

Die Duse erklärte, eine Aufteilung zwischen Tebaldo Checchi und Flavio Andò widerspreche ihrer Loyalität und ihrem Schamgefühl.

Prinzipal Cesare Rossi schlug aus Angst vor einer Trennung seiner beiden Protagonisten eine Lösung der Ehe vor. Die beiden sollten als Schauspielerkollegen zusammenbleiben, als Ehepartner aber auseinander gehen.

Eleonora zögerte, lehnte aber nicht ab.

Tebaldo dagegen wies diesen Vorschlag von sich ... "

Erzähler:

Trotzdem kommt es in *Buenos Aires* zur endgültigen Trennung. Tebaldo tritt aus der *Compagnia Rossi* aus und bleibt in Argentinien, Tochter Enrichetta bleibt der mütterlichen Fürsorge überlassen.

Dieser privaten Isolation folgt bald auch ihre berufliche. Es kommt zu Spannungen mit dem Prinzipal.

Duse:

"Rossi hat nie begreifen wollen, daß er in mir nicht eine Ware, sondern einen Menschen vor sich hat."

Erzähler:

Nach Italien zurückgekehrt, trennt sich die Duse im März 1886, etwa 27jährig, von seiner Truppe. Mit Flavio Andò gründet sie eine eigene Kompanie.

Aber der vorgeschlagenen Bezeichnung *"Unter der Leitung von Eleonora Duse"* widersetzt sie sich.

Duse:

" ... wie eine Büchse Liebigs Fleischextrakt ... "

Erzähler:

Sie besteht auf dem Namen *"Kompanie der Stadt Rom"*.

Aber schon nach einer kurzen Spielzeit muß sie wegen Verschlimmerung ihres Lungenleidens aussetzen. Der Arzt verordnet einen längeren Aufenthalt im Gebirge.

Erst gegen Sommerende genesen, denkt sie mit Schrecken an eine Rückkehr zum Theater.

Duse:

"Wie läßt es sich erklären, daß mich jedesmal, wenn ich zum Theater zurückkehre, die große Angst packt? Die öffentliche Vergeudung der Gefühle, zu der ich beim Spielen gezwungen bin, erscheint mir fremd und nachgerade unziemlich."

Erzähler:

Dennoch kehrt sie zurück und spielt weiter, noch immer mit Flavio Andò verbunden, der viele Jahre lang beruflich und erotisch ihr Partner bleibt.

Aber wesentlicher Partner jener Jahre ist dann mehr und mehr Arrigo Boito: Schriftsteller, Verdi-Librettist und selbst Komponist der italienischen Romantik. Er sagt ihr eines Tages:

Arrigo Boito:

"Der Instinkt genügt nicht. Man muß studieren, den Geist pflegen und sich weiterentwickeln."

Erzähler:

Sie begreift sofort und beginnt, eifrig zu lesen und sich zu bilden. Was in der Kindheit versäumt wurde, holt sie nun nach. Sie lernt fremde Sprachen, bewältigt täglich ein festgesetztes Lektürepensum und zwingt sich zu Kontakten und Gesprächen mit bedeutenden Persönlichkeiten des geistigen Lebens.

Folgerichtig wird ihr in zunehmendem Maße die Trivialität ihres Repertoires bewußt. Sie beginnt, Rollen und Stücke zeitgenössischer Alltagsdramatiker abzulehnen und nach angemessenen Aufgaben zu suchen. Sie weigert sich, *"Giacinta"*, die neueste Komödie des damals namhaften Autors Luigi Capuana, zu spielen, und erregt damit den Unmut der Presse.

Stattdessen beginnt sie mit *"Nora"* oder *"Casa di bambola"*, Henrik Ibsen vorzustellen,

und erteilt Boito den Auftrag, *"Antonius und Cleopatra"* für sie zu übersetzen. 1888 feiert Milano sie als Cleopatra.

Um sich ein so wählerischer Repertoire leisten zu können, folgt sie nun einem Zuge der Zeit und leitet eine Sequenz großer Auslandsgastspiele ein.

Duse:

"Diese Arbeit schafft Geld, und Geld bedeutet nichts Geringeres als Unabhängigkeit, also etwas Heiliges und Wertvolles."

Erzähler:

Die erste dieser Gastspielreisen führt im Frühjahr 1891 nach *Sankt Petersburg*.

Gleichzeitig reiste eine deutsche Tournee mit den zeitgenössischen Idolen Josef Kainz, Friedrich Mitterwurzer und Jenny Groß nach *Sankt Petersburg*. Sie wurde vom jungen Hermann Bahr begleitet, der in seinem *"Selbstbildnis"* später über jenen Grenzübergang nach Rußland berichtet hat:

Hermann Bahr:

"Bei der Zollrevision an der Grenze sagte mir die schöne Jenny Groß, mit-
leidig auf eine dunkel verhüllte Gestalt und ihre Gefährten zeigend:

'Das sind Konkurrenten: Katzelmacher, die auch in Petersburg gastieren.
Der armen Person da war in der Nacht sehr schlecht. Es ist eine gewisse
Duse.'

Kein Mensch kannte den Namen, und in dem ungewissen Licht sah sie nicht
nach Berühmtheit aus, die Fröstelnde sah sozusagen gar nicht aus."

Erzähler:

An ihrem ersten Petersburger Abend spielt die Duse die *"Kameliendame"*.

Der Zuschauerraum des *Kleinen Theaters* ist fast leer, denn das Stück kennt
man bis zum Überdruß, den Namen der Hauptdarstellerin überhaupt nicht,
und Werbung gab es nicht.

Am nächsten Tag läuft ein Gerücht durch Petersburg: im *Kleinen Theater*
gebe es ein künstlerisches Wunder zu sehen.

Am zweiten Abend ist der Saal überfüllt. Die Duse spielt *"Antonius und
Cleopatra"*. Das Publikum rast.

Die dritte Vorstellung ist *"Romeo und Julia"*: wieder ein überwältigender
Erfolg.

Auch Anton Tschechow sieht sie damals in einer dieser Rollen und schreibt
seiner Schwester:

Anton Tschechow:

"Welch eine wunderbare Schauspielerin! Ich habe noch nie was Vergleich-
bares gesehen!"

Erzähler:

Hermann Bahr berichtet weiter über diesen Petersburger Frühling 1891:

Hermann Bahr:

"Eines Abends spielte Kainz nicht. Er hatte frei. Wohin gehen wir?

Er entschied sich für die gastierenden Italiener: 'Italienische Komödianten, noch so schlecht, sind mir lieber als die besten deutschen; auch von italieni- schen Schmieranten kann man immer noch was lernen'.

'La femme de Claude' wurde gespielt.

Hinter uns saß Mitterwurzer. Plötzlich packte mich Kainz am Arm, er klam- merte sich an mich, und ich hörte Mitterwurzer aufstöhnen; und ich selber sagte mir immer nur in einem fort: 'Du darfst nicht laut heulen, du machst dich lächerlich!'

Unvorbereitet, ganz unerwartet, gar nicht darauf gefaßt, die Duse erleben, in Erwartung irgend einer begabten Komödiantin sich plötzlich vor der Du- se finden, zum erstenmal angesichts der Duse – was das ist, geht über alle Kraft des Worts.

Dieses Erlebnis der Duse ist eine meiner stärksten Erschütterungen gewe- sen.

Sie ließ mich zu mir finden."

Erzähler:

Von *Sankt Petersburg*, wo eine unbekannt bleibende Verehrerin eines Abends die Straße vom Hotel der Duse bis zum Theater mit Rosenblättern bestreuen ließ, geht sie nach Moskau, wo ihr besonders die Studentenschaft huldigt.

Hermann Bahr war inzwischen aus Rußland zurückgekehrt und publizierte in der *"Frankfurter Zeitung"* vom 9. Mai 1891 die erste ausführliche Wür- digung der Duse:

Hermann Bahr:

"Man hat nirgends eine vortrefflichere Gelegenheit, das europäische Thea-
ter zu studieren, als in Petersburg.

In den Fasten, wenn die russischen Bühnen schweigen müssen, schicken al-
le Nationen ihre Meister dahin. Es sind jetzt, neben der ständigen französi-
schen, zwei deutsche Gesellschaften dort gewesen, eine polnische, eine fin-
nische, eine englische und die italienische der Duse.

Die Duse gilt den Italienern heute für ihre größte Tragödin. Ihr Ruhm ist
allen geläufig. Keine andre darf man mit ihr vergleichen. Sie nennen sie al-
le ihre Sarah Bernhardt, weil sie die gleichen Rollen spielt; aber sie schät-
zen sie weit mehr. Denn, sagen sie, sie hat Jugend und Schönheit, und ihre
ursprüngliche Leidenschaft ist echter, tiefer und größer.

Wenn man das oft gehört oder gelesen hat, dann ist man von ihrem ersten
Bilde oder bei ihrer ersten Begegnung bitter enttäuscht. Sie ist klein, ein
bißchen plump, und ihren schweren, trägen Gebärden fehlt die Anmut. Ihre
Augen sind groß und schön, aber wehmütig verzagt; sie haben eine flehent-
liche Demut; kräftige Leidenschaft kann in ihnen nicht vermutet werden.
Die Nase ist klein und stumpf; die Wangen hängen schlaff herab, ohne ei-
nen persönlichen Zug. Die Miene ist verwischt und unentschieden, als ob
viele Tränen jede Besonderheit hinweggespült hätten. Nur um diesen süßen
runden Mund ist in wunderlichen Strichen ein unsäglicher Gram verbreitet,
der von stürmischen Begierden, von mutigen Hoffnungen und schmerzli-
chem Erlebnis erzählt. Es ist immerhin ein Gesicht, bei dem man verweilen
muß; aber schön darf man es nicht nennen, und mit dem suggestiven Profil
der Bernhardt, welches wie ein arabisches Märchen ist, kann man es nicht
messen.

Man muß die Duse auf der Bühne sehen. Da ist sie schön!

Sie ist da auch häßlich, sie ist groß und sie ist klein, sie ist jung und sie ist
alt, sie ist plump wie eine lombardische Bäuerin und sie ist nervös wie eine
Pariser Kokotte; sie ist, was ihre Rolle jedesmal ist.

Das macht ihren unvergleichlichen Zauber.

Solche Gewalt über jeden Muskel, über alle Nerven, über den ganzen Leib, daß alles unbedingt gehorcht und jede Verwandlung willig verrichtet, hat kaum ein anderer Künstler jemals besessen.

Darum spielt sie ganz anders als alle andern und ist ganz einzig.

Bei den anderen ist die eigene Natur immer das erste; der Dichter gibt bloß den Stoff, in welchem sie sich zeigen, an welchem sie sich offenbaren können. Bei ihr ist es umgekehrt; sie kriecht in den Dichter völlig hinein, verschwindet in ihm, und was am Ende wieder herauskommt, ist seine Natur und sein Geschöpf. Das charakterisiert diese seltsame Künstlerin vor allen anderen.

Das ist das Wunderbare und Unvergleichliche an ihr.

Ein ähnliches Verwandlungsgenie kennt die Bühne nicht. Ihre Miene wechselt bei der leisesten Nuance; die letzten Feinheiten psychologischer Entwicklung drückt sie mit dem bloßen Auge aus, vollkommen deutlich, ohne Rest; sie charakterisiert mit der Büste, mit dem Gang, mit den Fingern.

Sie hat jedesmal eine andere Stimme, sie geht jedesmal ganz anders; sie trägt jede besondere Toilette auf eine besondere Art.

Sie deklamiert niemals, sie hat keine Posen, sie verschmäht alle Mätzchen.

Von allen möglichen Ausdrücken nimmt sie sicher jedesmal den nächsten, den einfachsten und den natürlichsten, und sie weiß ihm eine solche nachdrückliche und eindringliche Notwendigkeit zu geben, daß es ganz selbstverständlich wird, als ob Überlegung und Wahl gar nicht notwendig wären.

An das Publikum denkt sie gar nicht; jener kommentatorische Trieb der deutschen Schauspieler, der nicht die Rolle, sondern eine umständliche und tiefsinnige Erläuterung der Rolle geben will, damit nur ja gewiß ein jeder seine belesene und nachdenkliche Gelehrsamkeit bewundere, ist ihr fremd; ich glaube, sie würde das überhaupt nicht begreifen, – sie ist durchaus naiv.

Was man bei Deutschen fast immer fragt, das fragt man bei ihr niemals: 'Was hat sie sich dabei gedacht?; was will sie mit dieser Nuance?'. Man sagt bei ihr auch niemals: 'Wie wunderbar macht sie das!', sondern es kommt alles so, wie es eben sein muß, und es fällt einem gar nicht ein, ob es vielleicht nicht auch anders sein könnte.

Sie ist darum auch immer ganz gleich: sie hat keine besonderen Tage und keine besonderen Szenen. Was bei uns von vielen für das eigentliche Merkmal des schauspielerischen Genies gehalten wird, einmal wie ein Gott und einmal wie ein Tier zu spielen, ist ihr völlig unbekannt; sie hat keine Stimmungen, keine Launen; gleichmäßig verrichtet sie ihre Kunst, Tag für Tag, in jedem Wort und jeder Gebärde unabänderlich jedesmal dieselbe,

weil sie sich nicht macht.

Sie weiß auch nichts davon, daß man das Eine fallen läßt, das andere unterstreicht; in ihrem Spiel fehlt die gewisse 'große Szene'; sie ist in allem groß, von Anfang bis zu Ende.

Sie versteht ebenso gut zuzuhören wie zu sprechen. Sie läßt den Partner willig vor, wenn ihn der Dichter vorschiebt, und tritt ganz bescheiden zurück, nach den Weisungen des Dichters.

Niemand unterstützt die anderen gehorsamer und spielt sich hilfreicher in sie hinein, um das Ihre wirksam herauszubringen; sie denkt niemals an sich, sie ist niemals für sich allein, sondern spielt das Ganze, aus dem Ganzen und für das Ganze.

Es ist vollkommener Realismus.

Der Ruhm der Duse ist in Italien ohnegleichen. Sie will ihn jetzt durch Europa verbreiten. Es ist zu hoffen, daß sie bald nach Deutschland kommt: es wird ein gewaltiges Erlebnis der deutschen Bühne sein, eine Offenbarung verschwiegener Mächte, um die sie seit langem schon ringt."

...

"Auf diesen Artikel hin fragte dann ein eifriger Wiener Theateragent bei mir an, ob das nur ein Feuilleton sei oder ob eine so begabte Schauspielerin vielleicht tatsächlich vorhanden und es rätlich wäre, sie nach Wien zu bringen.

Auf meine Beteuerung ihrer Tatsächlichkeit und dieser Rätlichkeit ließ der brave Tánczer sie nach Wien kommen.

Am ersten Abend spielte sie vor halbleerem Haus, am nächsten Morgen war sie weltberühmt."

Erzähler:

Bevor es zu diesem Sensationserfolg kam, hatte der Impresario Tánczer über ein Jahr lang versucht, die Duse zu einem Gastspiel in Wien zu überreden. Sie quält sich mit Zweifeln an sich selbst und fürchtet die Stadt des Burgtheaters.

Erst Anfang 1892 gibt sie Tánczer ihre Zusage, und am 19. Februar desselben Jahres spielt sie im kaum besetzten *Carltheater* die *"Kameliendame"*.

Tánczer sieht ein Debakel nahen.

Aber am nächsten Morgen preisen die Wiener Zeitungen den italienischen Gast mit ungewöhnlich langen Spalten.

Ein Wiener Kritiker:

"Die berühmte italienische Schauspielerin Eleonora Duse errang gestern abend, da sie zum erstenmal in Wien auftrat, einen ganz außergewöhnlich großen Erfolg. ... Man klatschte, man stampfte, man schrie, man tobte.

Die Duse ist eine Individualität, eine eigenartige, aus sich selbst gewordene Erscheinung, befremdlich anfangs, dann hinreißend.

Dabei hat sie durchaus nichts, was den Zuschauer blenden oder packen könnte. Die Natur hat ihr geradezu alles versagt, was man sonst für den schauspielerischen Beruf als unerläßlich hält. Ihre mehr als mittelgroße Gestalt ist wie eine Latte, ihre Stimme gleich Null, ohne Schmelz, ohne schöne Klangfarbe, ihr Gesicht mager, mit hervortretenden Backenknochen.

Und aus all diesen negativen Eigenschaften entsteht etwas Außerordentliches, denn in diesem scheinbaren Nichts lebt eine große künstlerische Seele.

Vom Anfang bis zum Ende des Stückes spielte die Duse mit einer geradezu verblüffenden Natürlichkeit, die bisweilen bis an Alltäglichkeit grenzte.

Man verließ das Theater mit dem Bewußtsein, etwas gesehen und gehört zu haben, was in seiner Art noch nicht dagewesen ist – etwas Neues."

Erzähler:

Der Erlös des Kartenverkaufs am zweiten Abend steigt von achthundert auf neuntausend Kronen.

Binnen Kurzem sind alle Vorstellungen im Vorhinein ausverkauft.

Als die Duse abreist, wird sie von den Fiakern auf der Straße mit Applaus begrüßt.

Im selben Jahr kehrt sie noch zweimal nach Wien zurück und spielt hier 29 Vorstellungen: nun aber nicht mehr im *Carltheater*, sondern – mit kaiserlicher Sondergenehmigung und als erste ausländische Schauspielerin – im *Burgtheater*.

Als sie hier die *"Kameliendame"* spielt, werden ihrer Marguerite, die Verdi inzwischen als Violetta vom rechten Wege abirren ließ, aus Logen und Rängen zahllose Veilchensträuße zugeworfen. So verbeugt sie sich in einem Meer von Violen.

Duse:

49

"Diese Burgtheatervorstellung hat mich unsagbar glücklich gemacht; sie ist eine der stolzesten Erinerungen meines Lebens."

Erzähler:

Als Giuseppe Verdi die Duse in dieser *"Kameliendame"* sah, sagte er:

Giuseppe Verdi:

"Wenn ich diese kleine Duse gesehen hätte, bevor ich meine 'Traviata' komponierte, hätte ich aus ihrem Crescendo –

Duse (*off*) :

'Armando! Armando! Armando!'

Giuseppe Verdi:

– das sie im Überströmen des Herzens gefunden hat, ein schönes Finale machen können."

Erzähler:

Der Wiener Erfolg leitet in der Tat den Weltruhm ein.

Die großen Gastspielreisen beginnen – noch mit unterschiedlicher Resonanz. Nordamerika 1893 ist noch ein Mißerfolg; in Brüssel ist die erste Vorstellung halb leer, woraufhin Yvette Guilbert, die große Diseuse, in der *"Indépendance Belge"* einen spontanen Hymnus auf die Duse veröffentlicht und den Bann damit bricht; auch in London muß der Erfolg schwer erkämpft werden.

Aber George Bernard Shaw, damals noch Theaterkritiker, begrüßt sie bereits begeistert und schreibt:

George Bernard Shaw:

"Die Duse hat mich in dem oft wankenden Glauben bestärkt, daß ein Schau-spielkritiker tatsächlich Diener einer hohen Kunst ist – und nicht nur ein Ausrufer fragwürdiger Vergnügungen."

<u>Erzähler:</u>

Berlin schließlich – wohin sie zu vermitteln ein deutscher Agent sich auch nach dem großen Wiener Erfolg noch geweigert hatte, weil er die Duse für zu häßlich hielt – Berlin huldigt ihr einschränkungslos und triumphalisch.

In der *"Vossischen Zeitung"* rezensiert Fontanes Nachfolger Paul Schlen-ther:

<u>Paul Schlenther:</u>

"Wenn Frau Duse nicht schön ist, so kann sie schön werden.

Denn jeder Empfindung, die in ihr vorgeht, entspricht der Ausdruck ihres Gesichtes.

Solange Ibsens Nora unter Kindern ein Kind ist, das Lecker- und Lügen-mäulchen, so lange lacht die Jugend aus ihren Zügen, und die Augen leuch-ten. Als Nora von ihrem Gatten Abschied nimmt, für immer, steht vor ihm eine Richterin, alt und klug und häßlich wie die Erfahrung der Welt.

In solchen Verwandlungen bedarf sie keiner äußeren Künste, unter denen sie sogar die Kunst des Schminkens zu verschmähen scheint.

Sie wagt alles, wenn es sein darf, und sie verzichtet auf alles, wenn es sein muß. Ihre Kunst ist sogar stärker als ihr Naturell, und nur deshalb wirkt sie so natürlich, weil sie ihre Kunst nur ihrem Naturell, ihrer Wesenheit dienst-bar macht.

Ein menschliches Wesen! Das ist der Eindruck jeder Vorstellung."

<u>Erzähler:</u>

Der deutschnationale Kritiker Erich Schlajker dagegen meldet den Protest eines anderen Berlin an und veröffentlicht:

Erich Schlajker:

"Die Duse kann im Ernst mit unseren besten Künstlern und Künstlerinnen nicht verglichen werden. Sofern sie überhaupt etwas bringt, ist es Untergang. Für die Entwicklung unserer Kunst hat also ihr Gastspiel keinen Sinn.

Die Dame ist eine gute Schauspielerin mit einem engbegrenzten Rollengebiet. Ihr Talent wird durch den Umstand entwertet, daß es nicht in der Kraft, sondern in der Schwäche wurzelt. Sie ist ein müdes, dekadentes und schlaffes Talent. Sie gehört zu den Erscheinungen, die immer scharenweise auftreten, wenn die Menschheit den Weg nach unten geht.

Ihr Spiel wird unterstützt durch eine gewisse Natürlichkeit, die sie freilich häufig genug auf Kosten des Ausdrucks, also auf sehr billige Weise erreicht.

Wenn wir dazu noch zwei oder drei pompöse Gesten rechnen, so hätten wir so ungefähr die Dame, die die Welt durch den Umstand um den Verstand gebracht hat, daß sie in fremden Ländern Italienisch spricht."

Erzähler:

Das Berliner Theaterpublikum aber bekennt sich damals noch nicht zur deutschen Kunst des Herrn Schlajker, sondern feiert sie wie eine Königin. In einer Berliner Tageszeitung behauptet der Leserbrief einer Berliner Theatergängerin:

Berliner Theatergängerin:

"Die Welt würde besser und die Seele der Menge gütiger, wenn die Prediger in der Kirche die Augen der Duse hätten, ihre Stimme, ihre Leidenschaft,

und wenn ihre Beredsamkeit die Herzen so anzurühren vermöchte, wie es das Wort der Duse auf der Bühne vermag."

Erzähler:

Sie selbst aber schrieb da, erst 33jährig, an Hermann Sudermann, dessen Schauspiel *"Heimat"* sie am nächsten Abend als *"Casa paterna"* in Berlin präsentieren sollte, daß es sich bei ihr inzwischen –

Duse:

" – um eine Frau handelt, die die Tage zählt, um vom Theater abzugehen".

Erzähler:

Wirklich legt sie 1894 zunächst eine Auszeit ein: ein ganzes Jahr, das ohne Theater einzig der Entspannung auf dem Lande dienen soll

Duse:

"Wenn ich nicht fern vom Theater lebe, kann ich nicht Theater spielen".

Erzähler:

Aber die Angebote überschlagen sich und verhindern jedes Ausruhen: von Berlin nach Hamburg, hier mehrere Abende auf der Bühne des Thalia Theaters, anschließend Kairo –

dann endlich die Unterzeichnung eines achtjährigen Vertrages mit dem ein-flußreichen Agenten José Schurmann, der sich von diesem Kontrakt nicht zu Unrecht goldene Berge verspricht.

Aber die Zusammenarbeit mit der Duse ist schwierig und steht im Zeichen ihrer wachsenden Ansprüche an sich selbst und alle Partner.

Duse:

"Wohin ich jetzt auch komme, wird es Menschen geben, die was von mir er-warten, die was von mir zu fordern haben. Jedes Theater, dessen Bühne ich betrete, wird voll von Gläubigern sein – und wehe, wenn ich eine säumige Schuldnerin bin!

Und wehe mir, wenn ein Tag käme, da die andern nichts mehr von mir for-dern! Dann wüßte ich nicht mehr, wohin mit mir, und ich müßte mich selbst zerfleischen.

Denn was ich erreicht habe, gilt mir nichts mehr; nur die Aufgaben gelten, nur das Unendliche, das ich noch zu bewältigen habe.

Aber ich spüre schon: andere Pflichten, von denen ich noch nichts weiß, werden kommen,

und das Theaterspielen wird noch einen ganz anderen Sinn haben müssen."

Erzähler:

Sie wird, was man leichthin schwierig nennt.

Sie sagt Vorstellungen ab, wenn sie sich nicht im Vollbesitz ihrer Kräfte fühlt. Nicht nur die kleinste gesundheitliche Trübung, auch Witterungsein-flüsse – Regen, Schnee – , der abstoßende Anblick einer neuen Stadt, ein schlecht geheiztes Zimmer im Hotel können eine Absage auslösen, die bis-weilen erst im allerletzten Moment erfolgt.

So ist zum Beispiel ein Gespräch zwischen ihr und ihrem Impresario Schurmann aus Köln überliefert, wo sie nach der ersten von zwei zugesagten und ausverkauften Vorstellungen unverhofft absagt:

Duse:

"Morgen werde ich nicht spielen.

Schurmann:

Fühlen Sie sich nicht wohl?

Duse:

Doch.

Schurmann:

Also, was ist?

Duse:

Ich spüre, daß ich nicht auf meine Art spielen könnte, deshalb müssen Sie das Publikum wegschicken.

Schurmann:

Das ist doch unmöglich!

Duse:

Wieso?

Schurmann:

Wir haben fast zehntausend Mark in der Kasse!

Duse:

So viel? Dann steht mein Entschluß unweigerlich fest. Wenn das Publikum solches Vertrauen hat, dann hat es das Recht, eine gute Vorstellung zu se-

hen, und ich sage Ihnen, ich fühle mich heute nicht so, daß ich gut spielen könnte. Ich will das Publikum nicht berauben.

Schurmann:

Aber die Kasse? Die Unkosten?

Duse:

Das zählt nicht. Wieviel von diesen Einnahmen entfällt auf Sie?

Schurmann:

Etwa ein Fünftel.

Duse:

Das ersetze ich Ihnen. Ich dulde keine Verluste und trage alle Unkosten der Gesellschaft und des Theaters.

Schurmann:

Gnädige Frau, das ist unmöglich. Eine Schwester des Kaisers ist eigens aus Bonn angereist. Man hätte ihr früher Bescheid sagen müssen.

Duse:

Sie ist Publikum wie alle andern, sie wird auch nach Hause gehen wie alle andern.

Schurmann:

Nein, gnädige Frau, ich sehe keinen Grund, der diese sonderbare Absage rechtfertigen würde. Wenn Sie sich weigern, werde ich dem Publikum öffentlich mitteilen, daß Sie es zum Narren halten.

Duse:

Sie verlangen also, daß ich spiele?

Schurmann:

Ja.

Duse:

Gut. Ich werde spielen. Aber ich mache Sie darauf aufmerksam, daß ich übermorgen krank sein werde und daß dann viel mehr Vorstellungen ausfallen müssen. Ihre Hartnäckigkeit wird Ihnen den mindestens fünffachen Verlust dessen eintragen, was Sie heute verloren hätten und was ich Ihnen heute zu ersetzen bereit war."

Erzähler:

Sie spielt am nächsten Tag und wird umjubelt.

Aber bei seiner Rückkehr ins Hotel findet Schurmann eine Nachricht von ihr vor:

Duse:

"Ich bin krank. Ich werde nicht weiter auftreten können. Lassen Sie die Truppe nach Straßburg reisen. Ich fahre zur Erholung nach Italien."

Erzähler:

Diese ins Extrem gesteigerten Ansprüche spiegeln ihren stetig ausgedehnten Kampf um größtmögliche Wahrhaftigkeit wieder.

Duse:

"Man soll nicht lügen – das ist die Grundlage für alles."

Erzähler:

Diese Haltung ist der Schlüssel für viele Befremdlichkeiten:
so daß sie stets ohne Maske spielt;

daß sie mit pedantischer Genauigkeit auf die Stimmigkeit ihrer Kostüme achtet

und in ihrer Angst vor Ablenkung und Routine zu irritierenden Mitteln greift –

vor jeder Vorstellung kapselt sie sich einen Tag lang völlig ab, läßt niemanden zu sich, öffnet keinerlei Post, liest keine Zeitungen, um sich ausschließlich auf die Rolle zu konzentrieren;

sie verwendet zwei separate Spiegel: einen *privatim* und einen andern als "Arbeitsspiegel" nur für ihre Rollen;

Schauspielern, die sie vor dem Auftritt hinter der Bühne trifft, begegnet sie bereits aus ihrer Rolle heraus. Einem Kollegen, der später in der *"Frau vom Meer"* neben ihr den "Fremden" spielt, schreibt sie einen Brief:

Duse:

"Da Sie morgen abend die Rolle des Fremden spielen, der erst im dritten Akt auftritt, lassen Sie sich in den beiden vorausgehenden Akten ja nicht bei mir sehen. Bleiben Sie in Ihrer Garderobe. Tun Sie, was Sie wollen, aber bis zu Ihrem Auftritt müssen Sie für mich ein Fremder bleiben. Wenn ich Sie vorher sehe, ist der Zauber gebrochen, und ich könnte im entscheidenden Moment weder Erstaunen noch Bestürzung empfinden, Sie würden mir keine Furcht mehr einflößen ... ".

Erzähler:

Von weniger gründlichen Partnern verspottet, verteidigt sie ihre scheinbare Absonderlichkeit:

Duse:

"Ich bin nur dann besser als Ihr, wenn es mir gelingt, das, was ich darstelle, selbst für wahr, für wirklich geschehen zu halten.

In der Kunst ist das Deklamieren die bequemste und meistbegangene Stras-
se. Ehrlichkeit und Einfachheit liegen auf den Gipfeln der Berge, und nur
wenige sind fähig, sie ohne Atembeklemmung zu erreichen. "

Erzähler:
Einen Kollegen nimmt sie verlegen beiseite:

Duse:
"Hassen Sie mich nicht, wenn ich Ihnen einen Rat gebe. Studieren Sie Ihre
Rolle in dieser Szene gründlicher. Lesen Sie Bücher über jene Welt, in der
Ihre Figur lebt. Wissen Sie, wir müssen die Dinge vor uns sehen, die wir
aussprechen, und wohin wir nicht durch Reisen gelangen, dorthin müssen
wir durch Bücher kommen. "

Erzähler:
Weil sie den Übersetzungen mißtraut, liest sie ihre Rollen in der mühselig
besorgten Originalsprache. Sie studiert Autor und Milieu.
Sie füllt ihre Rollenbücher mit Notizen. Ins Textbuch von *"Una vista di*
nozze " kritzelt sie noch vor der ersten Szene: *"Was erwartet sie? "*,
und ihren damals berühmt gewordenen Ausruf *"Puah! "* in diesem Stück
kommentiert sie so:

Duse:
"Sich erheben,
sich im Geist alle Worte noch einmal zurückrufen,
alle Schauer der gewesenen Liebe noch einmal empfinden –
nachdenken –
sich eingestehen, daß er einen nie wiedergeliebt hat –
und das alles in einem einzigen Ausruf zusammenfassen:

'Puah!' "

<u>Erzähler:</u>

Bei den Proben achtet sie sehr auf ihre Partner. Täglich läßt sie ihnen auf dem Umweg über den Direktor fünf bis sechs Briefchen zukommen: mit Anregungen; oder mit Erklärungen einzelner Sätze; oder Hinweisen auf den Sinn des betreffenden Stückes.

Am Tage vor der Premiere zu Goldonis *"Locandiera"* zum Beispiel schickt sie ihrem Partner Luigi Rasi einen Zettel mit folgendem Text:

<u>Duse:</u>

"Ich bitte alle Schauspieler, die in 'Locandiera' mitwirken, jegliche Plumpheit im Ton zu vermeiden –

ich bitte zu bedenken, daß Goldoni Strümpfe aus Seide und Spitzen an den Ärmeln, Reverenzen und Lorgnetten verlangt –

daß dies alles folglich einen Einfluß auf das Ganze haben sollte –

Auch die Duellszene und manche Großmäuligkeit verlangen den Ton des 18. Jahrhunderts, der Goldoni ausmacht –

Es sind zu vermeiden

die leeren Flaschen, das Leeren des Bechers vor dem Auge des Partners –

Zu beachten ist das feste Gefüge der ganzen Szene

und Brio

Brio

Brio

und Eleganz

im Ton und in den Gesten. "

<u>Erzähler:</u>

Auch einzeln knöpft sie sich nachlässige Kollegen vor, wie etwa den Schauspieler Carlo Rosaspina, in *"La Locandiera"* als Ripafratta ihr wichtigster Partner, dessen Arbeit sie mit Strenge und Zärtlichkeit überwacht:

Duse:

"Lieber Rosa –

Es bereitet mir große Pein, einem so guten und ehrlichen Kollegen, wie Du es bist, Kummer zu bereiten, aber ich bitte Dich, in der Stunde der Arbeit Deine ganze Aufmerksamkeit zusammenzuraffen und mich nicht zu so wenig freundlichen Erörterungen zu zwingen, zu denen Deine unbegreifliche Unaufmerksamkeit und das Desinteresse an Deiner Rolle mich nötigen.

Ich bin die Erste, die bereit ist, Deinen Wert anzuerkennen – und gerade deshalb verliere ich von Zeit zu Zeit die Geduld, wenn ich feststellen muß, daß Dein Versagen nicht aus Unzulänglichkeit kommt (denn das ist nicht der Fall), sondern einfach aus unleidlich bösem Willen.

Ich bitte Dich, diese Krankheit des Geistes zu überwinden, denn ohne Illusion ist die Bühne das Schlimmste aller Dinge. Im Übrigen war die Entgleisung gestern abend epidemisch und allgemein – und die Mitteilung, die ich Dir zukommen lasse, ist ein Rundschreiben für die ganze Truppe, ich lasse es heute abend verteilen."

Erzähler:

Und bald danach, an denselben Kollegen:

Duse:

"Lieber Rosa –

Noch einmal bin ich gezwungen, Dir zu schreiben, Dich zu bitten – Dich zu bitten – , morgen abend nicht dem manchmal ziemlich schlimmen Marasmus nachzugeben, der überwunden schien, den ich jedoch in Wien mit Schrecken wieder auftauchen und Dein Spiel überschatten sah.

61

Ich flehe Dich an, lieber Rosa, lehne Dich auf. Deine Stumpfheit an man-
chen Abenden reizt mich und macht mir Kummer und Unbehagen!

Wenn das Leben Dich langweilt, schüttele es – wirble es herum, der Lan-
genweile entgegen, die Dich lähmen will, so wirst Du eine gewisse Trun-
kenheit erreichen, ohne die Kunst zu machen nicht möglich ist – ohne die
Du nichts als kümmerliches Handwerk schaffst. Du bist ein ausgezeichneter
Partner, hast ein gutes Herz und bist, wenn Du willst, ein sehr guter Schau-
spieler.

Aber schüttle die Trägheit von Dir ab, um des Himmels Willen!"

Erzähler:

Hand in Hand mit der Unerbittlichkeit ihrer Wahrheitssuche und ihrer Kon-
zentration auf die Arbeit geht die Flucht vor den Ablenkungen durch den
Ruhm und die globale *publicity*, der sie sich seit den letzten Jahren vor der
Jahrhundertwende ausgesetzt sieht.

An jedem Ort ihrer Gastspielreisen sind nicht nur die Theater zu jeglichem
Eintrittspreis ausverkauft, es hagelt auch Einladungen, Empfänge, Interviews. Sie flieht vor alledem, verschließt sich, meidet offizielle Geselligkei-
ten und Huldigungen, führt auch persönlich kein "großes Haus", kleidet sich
möglichst unauffällig und verzichtet auf jeden Schmuck, verläßt die Hotels
auf ihren Reisen nur durch die Hintertür und nimmt ihre Mahlzeiten niemals
in Restaurants ein. Sie empfängt keine Journalisten, gibt keine Interviews,
verwehrt gar dem König von Württemberg den Zutritt zu ihrer Garderobe
und schlägt eine Einladung der italienischen Königin aus, in der Pause zu
ihr in die Hofloge zu kommen.

"Wer jemals versuchte", hat uns Hermine Körner, ihre Thronfolgerin im
deutschen Theater, noch am 100. Geburtstag der Duse verraten, *"sie nach*
der Vorstellung am Bühnenausgang oder in einer Hotelhalle anzusprechen,
wird sich ihrer müden Abwehr erinnern:

Duse:
'Lascia ... lascia ... ' – "

Erzähler:

– oder eben *"Laß mich ... laß mich in Ruhe ..."*.

Als sie in Montecarlo spielt, legt einer der reichsten Geldmagnaten mit seiner Yacht im Hafen an, um nach der Vorstellung ein Bankett für die Duse zu geben. Die Duse lehnt ab:

Duse:

"Was soll ich da? Ich habe nichts, was Sie interessiert, und Sie haben nichts, was mich interessiert."

Erzähler:

Als sie 1896 wieder nach Amerika kommt, um auf einer Mammut-Tournee sechzig Vorstellungen in *New York*, Washington, Boston und Philadelphia zu geben, wird sie bei ihrer Ankunft von einem Heer von Reportern bestürmt und belagert. Sie hüllt sich in absolutes Schweigen und hat bereits vor der ersten Vorstellung die gesamte Presse zum Feinde.

Als Impresario Schurmann ihr deswegen eine Szene macht, kommt es zu einem erregten Wortwechsel. Da wird eine Journalistin gemeldet, die Eleonora spontan hineinläßt und definitiv informiert:

Duse:

"Entschuldigen Sie, meine Dame! Ich bin Ausländerin und kenne die Bräuche Ihres Landes nicht. Man wirft mir mangelnden Respekt vor der Presse vor, weil es mir unmöglich ist, alle Journalisten zu empfangen, die zu mir wollen.

Wollen Sie bitte mein Sprachrohr sein, denn wir Frauen sollten uns solidarisch erklären und uns gegenseitig helfen. So bitte ich Sie, Ihre Kollegen zu fragen, warum die Arbeiter, die sich tagsüber abplagen, das Recht haben, sich nachts auszuruhen, während ich, die ich den ganzen Tag und den gan-

zen Abend arbeite, nicht einmal meine Nachmittage in Frieden für mich haben soll.

Es ist eine große Mühe – und ein überdies undankbares Geschäft, allen denen zu antworten, die sich mir im Hotel vorstellen und hundert indiskrete Fragen an mich richten – unter dem Vorwand, eine Schauspielerin gehöre dem Publikum. Mir hingegen scheint, daß die Schauspielerin als etwas Unbekanntes, Neues auf der Bühne erscheinen sollte, ohne daß den Zuschauern vorher gezeigt wird, woraus das Spielzeug gemacht ist, mit dem sie sich vergnügen wollen."

Erzähler:

Die bevorzugte Journalistin setzt sich in solchem Sinne für die Duse ein, und ihr Artikel zur Verteidigung eines Friedens, auf den auch diese Schauspielerin ein Anrecht habe, wird gedruckt, gelesen und gebilligt. Einstimmiger Applaus begrüßt die Duse bei der Premiere.

In Washington wohnt der damalige Präsident Cleveland jeder einzelnen Vorstellung bei und schickt der Duse jeden Abend Chrysanthemen und weiße Rosen in die Garderobe. Mrs. Cleveland gibt im *Weißen Haus* einen Abschiedstee für die Duse, womit keine andere Schauspielerin, nicht einmal Sarah Bernhardt, jemals ausgezeichnet wurde. Aber sie erscheint dort *"in einem schlichten dunklen Kleide"*, ohne Schmuck und jedes *make up*, auch ohne Schleier, der damals unverzichtbar schien.

Der große Physiker Thomas Edison bittet sie in sein Labor und läßt sie die Abschiedsworte der Kameliendame auf seinen Phonographen sprechen.

Im Übrigen nutzt sie die wenige freie Zeit, um Museen, Konzerte und Kunstausstellungen zu besuchen und ihren Abscheu vor Amerika auf diese Weise wettzumachen.

Duse:

"Als ich nach einer sehr stürmischen und sehr unangenehmen Überfahrt in Amerika ankam und diese große Stadt sah, nur Räder, nur Fahrzeuge, nur

Läden, nur seltsame Gebäude, nur Riesenreklamen, nur Lärm und Getöse
ohne einen Schimmer von Kunst, ohne einen Ruhepunkt für Auge und Geist,
da kam mir der Gedanke, mich sofort wieder dem tobenden Meer anzuver-
trauen und unverzüglich nach Italien zurückzukehren.
Ich besiegte diese erste Regung und blieb, aber eine unerklärliche Trauer
hat mich hier immer bedrückt. "

Erzähler:
Aber alles Ungenügen an fremden Ländern, aufdringlichen Journalisten,
unpräzisen Partnern und eigenen Unzulänglichkeiten ist sekundär angesichts
des stetig wachsenden Widerwillens gegen ihr Repertoire unbedeutender
Stücke.

Duse:
"Ich selbst bin erniedrigt in den Gewändern dieser Menschen, die ich dar-
zustellen gezwungen bin. Und oftmals wird der Widerwille so groß und der
Protest meines Gewissens so sehr zur Empörung, daß mir scheint, als müß-
te mich von einem Augenblick zum andern auch die physische Kraft zu mei-
nen schauspielerischen Mitteln im Stiche lassen; dann reicht der Strom in
meinen Nerven nicht mehr hin, meinen Verstand aufzuwecken, und dann bin
ich wie in Verblödung verfallen.
Dann, oh dann habe ich nur mehr ein einziges Verlangen: die Rampenlich-
ter auslöschen zu lassen und alle Rollenbücher ins Feuer zu werfen, den
ganzen Ballast meines Schauspielerinnengepäcks.
Es verlangt mich danach, etwas Neues zu versuchen. Was ich bis jetzt getan
habe und was ich auch jetzt noch weiter tue, genügt mir nicht mehr.
Ich fühle in meinem Innern, daß etwas neu wird; ich fühle all das Falsche,
Hinfällige, ja schon Untergegangene in den Werken, die ich spiele.
Und gleichzeitig fühle ich den wenn auch verschwommenen Wunsch und
das wenn auch noch unbestimmte Drängen nach einer Kunstform, die un-

mittelbarer und tiefer dem nunmehrigen Zustand meines Geistes entsprä-
che ... ":

puah!

Erzähler:

In diese Situation fällt die Begegnung mit Gabriele d'Annunzio, dem spek-
takulären Neoromantiker der italienischen Literatur, der mit rhetorisch
schwülstigem, symbolträchtigem Genuß- und Schönheitskult im Nietzsche-
Sog den Kampf gegen den Naturalismus anführt.

Der hochgebildete, wortgewaltige Poet, der mit brillanter Eleganz die römi-
schen Salons garniert, hat eine Kunsttheorie entwickelt, die mit ihrem Motto
für die 38jährige, erfolgsüberdrüssige Schauspielerin von größter Attraktivi-
tät sein mußte:

Gabriele d'Annunzio:

"Sich erneuern oder sterben".

Erzähler:

Überdies schreibt er Dramen und Tragödien: mit denen trachtet er, wie er
selbst formuliert, –

Gabriele d'Annunzio:

*" – in einigen zornigen und edlen Gebärden etwas Erhabenheit und Schön-
heit aus dem flutenden, zudringlichen Schwall des Gemeinen zu retten".*

Erzähler:

Der fünf Jahre jüngere, bestechend intelligente und kultivierte Mann faszi-
niert die Duse:

Duse:

"Wie schön ist schon sein Name!"

Erzähler:

Gemeinsam planen sie – nach Bayreuther Vorbild – die Gründung eines "Kunsttheaters", das in *Albano Laziale* stehen soll und für das es bereits erste mäzenatische Stiftungen gibt:

Duse:

"Ein Theater aus Marmor, auf einem Hügel, wo der Schauspieler wie ein Priester stünde, wie ein Seher, mit frommen Gebärden beglückende Worte verteilend, königlich ausstreuend, was der Dichter in seine Hände gelegt hat".

Erzähler:

Gabriele verspricht, ihr für diesen erträumten Kunsttempel das neue Drama zu finden.

Sein erstes Stück für Eleonora soll *"La Città morta"* heißen: *"Die tote Stadt"*. Es wird in vierzig Tagen niedergeschrieben.

Aber als es fertig ist, will er dieses neue Stück plötzlich nicht von der Duse, sondern von Sarah Bernhardt kreïeren lassen, die sofort zusagt. Die Rachgier dieser bisherigen *primadonna assoluta*, von der Duse inzwischen verdrängt, beginnt, aktiv zu werden. Als sie 1896 in Wien gastiert und alle Welt sich darin ergeht, sie gegen die vergötterte Duse auszuspielen, schmiedet sie erste Vernichtungspläne. Sie soll da gesagt haben:

Sarah Bernhardt:

"Die Pariser fangen auch schon an, von der Duse zu reden. Die Duse so! Die Duse anders! Die Duse und kein Ende! Weil sie die Duse eben noch nicht gesehen haben und es nur nachplappern. Ich muß sie doch einmal

nach Paris zu einem Gastspiel einladen, um sie den Parisern zu zeigen.
Dann werden sie still sein mit ihrer Duse-Schwärmerei!"

Erzähler:

Im Frühjahr 1897 telegraphiert Sarah Bernhardt der Duse und lädt sie zu einem Gastspiel in ihrem *Théâtre de la Renaissance* nach Paris ein. Die Duse, die ihrem Impresario früher einmal erklärt hat, nur auf Einladung Sarah Bernhardts in Paris aufzutreten, sagt zu.

Schon im Voraus wird ihr Auftritt von der Pariser Presse gehässig kommentiert, aber trotz erhöhter Eintrittspreise bis zu 250 Francs pro Platz ist das Theater Sarah Bernhardts schon im Voraus für sämtliche Vorstellungen ausverkauft. Denn die Duse hat beschlossen, mit der "Kameliendame", also einer Paraderolle ihrer Rivalin, in Paris zu debütieren. Andere Rollen sollen folgen.

Kein Geringerer als Jules Huret, Starkolumnist immerhin des *"Figaro"*, steigert in seiner *"Chronique théâtrale"* die Neugier seiner Leser auf dieses italienische Mirakel noch zusätzlich:

Jules Huret:

"In ihrem Auftreten wie in ihrer Kleidung ist sie ein einfacher Mensch, nichts läßt die Schauspielerin in ihr vermuten. Sie ist schlicht und dunkel gekleidet, und man würde an eine Bürgerliche mit gutem Geschmack denken, wenn nicht die leicht gewellten, nach hinten gezogenen und etwas unordentlichen Haare auf eine moderne 'Intellektuelle' hindeuten würden. Sie ist klein und unansehnlich, sie ist nicht schön,
aber mehr als schön."

Der Erzähler:

Ganz Paris fiebert entsprechend. Die Kritiker aller führenden europäischen Zeitungen sind erschienen, die gesamte Pariser *haute volée* bis zum Staatspräsidenten ist anwesend.

Die Duse beginnt nervös und unsicher. Drei Akte lang schweigt das Publikum, nach dem vierten applaudiert es wohlwollend. Aber nach dem fünften ist es *"wie im Delirium"*. Der Staatspräsident Félix Faure komplimentiert die Duse, der Erfolg ist sensationell und unumstritten.

Den begabtesten Dichtern und Literaten der Zeit wird es wichtig und reizvoll genug, die beiden zur Legende gewordenen Schauspielerinnen miteinander zu vergleichen. So George Bernard Shaw in einem Essay:

George Bernard Shaw:

"So einleuchtend die Verschiedenheit der beiden berühmten Künstlerinnen für viele von uns gewesen ist, so zweifle ich doch, daß sich auch nur einer nach Sarah Bernhardts geistreicher Leistung vorstellen konnte, daß sie binnen 48 Stunden durch ein so verhältnismäßig ruhiges Talent wie das der Duse vernichtet werden könnte. Und dennoch ist Vernichtung *das einzige Wort für die Niederlage der französischen Tragödin.*

Sarah Bernhardt besitzt den Zauber einer noch frischen, aber etwas verwöhnten und mutwilligen Reife. Jene reizvollen rosigen Wirkungen, die französische Maler hervorrufen, indem sie dem Fleisch die hübsche Farbe von Erdbeeren mit Schlagsahne geben, werden von Sarah Bernhardt am eigenen lebenden Bilde geschickt verwendet.

Sie schminkt sich die Ohren hochrot und läßt sie zwischen einigen Flechten ihres kastanienbraunen Haars entzückend hervorlugen. Jedes Grübchen hat sein rosa Kleckschen, und Sarahs Fingerspitzen schimmern in so zartem Rosenrot, daß man sie für ebenso durchsichtig wie ihre Ohren halten und glauben könnte, das Licht dringe durch ihre zarten Adern. Ihre Lippen sind wie ein frisch angestrichener Briefkasten, ihre Wangen haben bis hinauf zu den schmachtenden Wimpern den feinen Hauch und das Äußere eines Pfirsichs; sie ist schön im Sinne des Schönheitsbegriffs ihrer Schule und unglaubwürdig im Sinne einfacher Menschenhaftigkeit.

Aber diese Unglaubwürdigkeit ist verzeihlich, weil sie — trotz all dem grossen Unsinn, an den niemand, die Künstlerin selbst am allerwenigsten glaubt

– doch so kunstvoll, so klug, so anerkanntermaßen zur Sache gehört und in einer so munteren Manier zur Schau getragen wird, daß es unmöglich ist, sie nicht gutgelaunt hinzunehmen.

Ihre Schmeichelei paßt gut zur kindlich eigenwilligen Art ihrer Darstellung, die nicht in der Kunst gipfelt, den Zuschauer höher denken und tiefer empfinden zu lehren, sondern in der Kunst, ihn zu zwingen, sie zu bewundern und zu bemitleiden.

Und immer ist es die Persönlichkeit der Sarah Bernhardt, die das bewirkt. Kostüm, Stücktitel und Text mögen verschieden sein – die Frau bleibt immer dieselbe. Sie dringt nicht in den Charakter ein, den sie darstellt, sie setzt sich an seine Stelle.

Und gerade alles das tut die Duse nicht, der jede Rolle zu einer eigenen Schöpfung wird.

Wenn sie die Bühne betritt, stellt sie es dem Zuschauer anheim, sein Opernglas zu benutzen und alle Falten zu zählen, die Zeit und Kummer in ihr Antlitz gegraben haben. Es sind die Beglaubigungsschreiben ihrer Menschlichkeit; und sie ist nicht so unklug, diese bedeutsame Schrift mit einer Schicht Pfirsichschminke zuzudecken. Die Schatten auf ihrem Gesicht, manchmal auch ihre Lippen, sind grau, nicht rosenfarbig; sie kennt weder Farbkleckse noch Grübchen. Aber fünf Minuten auf der Bühne genügen, und sie ist der schönsten Frau auf der Welt um ein Vierteljahrhundert voraus.

Ich gebe zu, daß Sarahs sorgfältig durchgearbeitetes Mona-Lisa-Lächeln mit dem bewußten Senken der Augenwimpern und der schüchternen Art, mit der ihre langen, karminrot gefärbten Lippen die blendende Zahnreihe enthüllen, auf seine Weise wirksam ist. Und der Zauber wirkt eine volle Minute, manchmal länger.

Aber mit einem Beben der Lippe, das man mehr fühlt als sieht und das nur einen halben Augenblick dauert, greift einem die Duse gradewegs ans Herz.

Es wäre jedoch ein kritischer Schnitzer und eine persönliche Torheit, wollte ich damit andeuten, daß die Duse irgendeine Kunst vernachlässige, wenn sie junge und hübsche Frauen zu verkörpern hat. Es muß vielmehr gesagt werden, daß in der Kunst, schön zu sein, Sarah Bernhardt ein Kind neben *der Duse ist. Der Vorrat an Haltungen und mimischen Wirkungen der französischen Künstlerin könnte ebenso schnell katalogisiert werden wie ihr Vorrat an dramatischen Einfällen: die Aufzählung würde kaum über die Finger beider Hände hinausgehen.*

Die Duse erzeugt die Illusion, in der Mannigfaltigkeit schöner Posen und Bewegungen unerschöpflich zu sein. Jede Idee, jeden Schatten eines Gedankens und einer Stimmung weiß sie lebendig auszudrücken. Sie ist gewandt und biegsam wie ein Turner oder eine Pantherkatze, nur sind die zahlreichen Gedanken, die in ihren Bewegungen körperlichen Ausdruck finden, alle von jener hohen Art, die Menschen von Tieren – und ich fürchte, auch von den meisten Turnern – unterscheidet.

Wenn man bedenkt, daß die Mehrzahl der Tragödinnen sich nur in Ausbrüchen jener Leidenschaften hervortut, die Menschen und Tieren gemeinsam sind, wird es nicht schwer fallen, den unbeschreiblichen Vorrang zu begreifen, der dem Spiel der Duse aus dem Grunde gebührt, daß hinter jedem kleinsten Zug ihrer Darstellung eine humane Idee steht.

Es muß zugestanden werden, daß Sarah Bernhardt die große Szene im dritten Akt von Sudermanns 'Heimat', da der Vater ihres Kindes als Besucher gemeldet wird, sehr flott und munter herunterspielt. Ihre Selbstbeherrschung an dieser Stelle war enorm: der Pfirsichhauch auf ihren Wangen blieb unberührt von inneren Kämpfen.

Nicht so bei der Duse. In dem Augenblick, wo ihr das Mädchen die Karte überreicht, die den Namen des Mannes trägt, erkennt man, was es für Magda bedeuten muß, einer Begegnung mit ihm standzuhalten. Es war interessant, ihre inneren Kämpfe bei seinem Eintreten zu beobachten; sie empfand offenbar, daß sie glücklich über den Berg sei und es sich jetzt gestatten dürfe, ruhig nachzudenken. Da passierte Magda etwas Schreckliches: sie begann zu erröten; und im nächsten Augenblick war sie sich dessen bewußt. Die Glut verbreitete und vertiefte sich langsam, bis Magda nach einigen vergeblichen Anstrengungen, ihr Gesicht abzuwenden, ohne ihn das merken zu lassen, den Kampf aufgab und das Erröten in ihren Händen verbarg.

Nach dieser schauspielerischen Tat brauchte man mir nicht mehr zu erklä-
ren, warum die Duse keine zolldicke Schminke auflegt. Ich konnte darin kei-
nen Trick entdecken; sie erschien mir als eine durchaus natürliche Folge
ihrer dramatischen Phantasie. "

Erzähler:
Mit schlankerem Vokabular als Shaw bringt der Berliner Kritiker Alfred
Kerr den Unterschied zwischen diesen beiden Weltstars jener 19. Jahrhun-
dertwende auf einen sentimental-zynischen Nenner:

Alfred Kerr:
"Bei der Duse hört man die Ewigkeit rauschen, bei der Bernhardt die Ku-
lissen wackeln. "

Erzähler:
Hugo von Hofmannsthal indes, der die Duse ausgiebig feiert, leugnet, daß
die beiden Primadonnen überhaupt vergleichbar seien, und beschreibt minu-
tiös die Schauspielkunst der Duse als Kameliendame und Fédora von Sardou:

Hugo von Hofmannsthal:
"Zwei Rollen des Virtuosenrepertoires, zwei 'große' Rollen der Sarah Bern-
hardt.
Eleonora Duse hat keine 'großen' Rollen; sie hat auch in der Rolle keine
Szene; sie hat auch in der Szene keine Nuance. Sie spielt ganz einfach alles:
das ganze Leben.
Ich möchte nicht gern eine geniale Künstlerin wie die Duse mit einer gros-
sen Virtuosin, wie die Sarah Bernhardt, vergleichen.
Die Sarah Bernhardt hat keinen Stil, sie hat nur Temperament. Sie spielt
sich selbst, die raffinierte Stimmungslyrik ihrer Glieder, die Tragikomödie

ihrer Nerven, die Tierhetze ihrer Leidenschaften. Ihr Temperament sprengt jede Charakteristik, sie spielt mit jedem Zoll des Leibes, sogar die Zehen in Sandalen spielen mit. Wundervoll ist die Beredsamkeit ihres steil ausgestreckten Arms, ihres schmiegenden Nackens, ihres Lehnens, ihres Kauerns, ihres Gleitens, ihres Fallens, ihres Zuckens und ihres Erschlaffens.

Aber alle Dinge erzählen von nichts als sich selbst; ihnen ordnet sich die Szene unter, die Worte sind nur mehr ein ohnmächtiger Kommentar zu dem ganzen Sein, das irgendein Stadium der großen einen Leidenschaft ausdrückt.

Die Duse spielt nicht sich, sie spielt die Gestalt des Dichters. Und wo der Dichter erlahmt und sie im Stiche läßt, spielt sie seine Puppe als ein lebendiges Wesen, in dem Geiste, den er nicht gehabt hat, mit der letzten Deutlichkeit des Ausdrucks, die er nicht gefunden hat, mit der Gabe der intuitiven Psychologie.

Ein Wiener Kritiker hat das hübsche Wort gefunden:

Erzähler:

'Sie spielt, was zwischen dem Text ist'.

Hugo von Hofmannsthal:

Sie spielt die Übergänge; sie füllt die Lücken der Motivierung aus; sie rekonstruiert im Drama den psychologischen Roman. Sie malt mit einem Zukken der Lippen, einer Bewegung der Schulter, einem Schwenken des Tones das Reifen eines Entschlusses, das Vorüberschießen einer Gedankenkette, das ganze psycho-physiologische Ereignis, das dem Werden eines Wortes vorausgeht. Von ihren Lippen liest man die unausgesprochenen Worte, auf ihrer Stirn huschen die unterdrückten Gedanken vorüber. Sie hat den Mut, das Wichtige hinzuwerfen und das Nebensächliche zu betonen, wie es sich im Leben vordrängt. Wie die Natur selbst, unterstreicht sie Banalitäten und läßt Offenbarungen zu Boden fallen. Sie kann Worte so sprechen, daß man fühlt, wie sie im selben Augenblick den Glauben daran verliert. Sie macht das Ungreifbare gegenständlich.

In den Pausen, wo die andren spielen, kann man keinen Blick von ihr wenden: da malt sie das Werden der Erkenntnis, das Zerbröckeln inneren Truges, das schmerzliche Reifen des Notwendigen.

Wir wissen nicht, wo die Grenzen ihrer Kunst sein sollten. Nicht in der Individualität: hat sie doch selber keine oder jede. Nicht im Alter: man glaubt ihr die launische Grazie des verzogenen Kindes und die zuckende Leidenschaft der verblühten Frau. Nicht in der Erscheinung: ich weiß nicht, wie sie aussieht. Die Worte schön *oder* häßlich *haben für sie keinen Sinn. Ihr Körper ist nichts als die wechselnde Projektion ihrer wechselnden Stimmungen. Über ihr Gesicht gleiten Gesichter; sie hat jedesmal einen anderen Gang. Alle ihre Glieder sprechen jedesmal eine andere Sprache; sie hat jedesmal ein anderes Weinen. Sie hat Gewalt über Blässe und Röte und über die Regungen des Leibes, die wir die unbewußten nennen.*

Ist es ein Wunder, wenn sie Gewalt hat über unsere erstaunten Sinne, und wenn die Menschen kein größeres, kein persönlicheres Ereignis wissen als die Gegenwart dieser Frau ... ? "

Erzähler:

Diese und andere Huldigungen verblenden die Duse keineswegs.

Duse:

"Der Ruhm ist eine Fratze aus Papiermaché, aufgeblasen, und wenn du sie anrührst, kommt Fäulnis heraus ... ".

Erzähler:

Nach Italien zurückgekehrt, verkauft sie ihre Wohnung im *Palazzo Wolkow* in Venedig und bezieht ein schlichtes Landhaus im Dorf Settignano nahe Florenz, wo sie ihren ersten Auftritt in einem Stück von Gabriele d'Annunzio vorbereitet; er hat es ihr zur Entschädigung für *"Die tote Stadt"* geschrieben und es *"Il sogno d'un mattino di primavera"* genannt: den *"Traum eines Frühlingsmorgens"*.

Wenige Tage vor der Premiere im Januar 1898 gibt die Duse ein Interview:

Duse:

"Ich habe einen tiefen und festen Glauben an die unumgängliche Erneue-
rung der Bühnenkunst, an die unumgängliche Entwicklung zur antiken For-
mel griechischer Schönheit hin.

Die Farben und Bewegungen von heute entsprechen einer verwahrlosten
Kunst, auch die Sprache, die wir sprechen, ist verwahrlost.

Nur in den Werken der Alten stehen ewig gültige Worte, und nur wenn man
von diesen geheiligten Regionen ausgeht, kann man die Hoffnung hegen,
unser Publikum zu einer reinen, gesunden Form zu erziehen. Es liegt in der
Luft, und bald wird es in aller Bewußtsein eindringen, dieses Streben nach
einer absoluten, edlen und reinen Kunst ...

Und warum sollte diese Bewegung nicht von Italien ausgehen? ...

Ich werde an den Willen und die Intelligenz aller meiner Kollegen appellie-
ren, damit sie mir bei diesem herrlichen Werk helfen. "

Erzähler:

Am 11. Januar 1898 spielt sie im *Teatro Valle* in Rom den Einakter *"Traum*
eines Frühlingsmorgens ".

Während der Vorstellung kichert und lärmt das Publikum, und nur die An-
wesenheit der italienischen Königin Margherita verhindert grobschlächtige-
re Proteste.

Nach dem zweiten Teil des Abends mit Goldonis *"Locandiera "* jedoch dif-
ferenziert das Auditorium seine Ablehnung und brüllt:

Römisches Publikum:

"Evviva Goldoni! Evviva Eleonora Duse! "

Erzähler:

75

Die Presse teilt die Aversion der Zuschauer gegen den Dramatiker Gabriele d'Annunzio.

Der jedoch weist seinerseits nur sechs Tage später die Schuld an diesem Mißerfolg in einem Interview weit von sich, das er der Pariser Zeitung *"Gaulois"* gibt: anläßlich der bevorstehenden Premiere seiner *"Toten Stadt"* mit Sarah Bernhardt. Da verschweigt er zwar den *"Traum eines Frühlingsmorgens"*, kündigt aber ein Stück mit dem Titel *"Traum eines Herbstabends"* an und sagt:

Gabriele d'Annunzio:

"Allein Sarah Bernhardt kann diesem Stück zunächst in Paris und dann in England zu einer großartigen Aufführung verhelfen."

Duse:

"Lieber stürbe ich in einer Ecke, als eine solche Seele zu lieben!"

Erzähler:

Die Pariser Uraufführung der *"Toten Stadt"* mit Sarah Bernhardt ist ein gequälter Erfolg. Die Duse schickt der Rivalin ein Glückwunschtelegramm und ist trotz aller warnenden Zeichen in ihrem Glauben an Gabriele, ihren künftigen Lebensinhalt, ungebrochen.

D'Annunzio siedelt ebenfalls nach Settignano über. Sein dortiges Besitztum, ein vormals feudaler Landsitz, heißt *"Capponcina"*, wird mit Renaissancekunst vollgestopft, beherbergt auch fünfzehn Diener, zehn Pferde, 38 Windhunde, mehr als zweihundert Tauben und schließt einen großen Obstgarten ein, an dessen Ende *"La Porziuncola"*, ein winziges Bauernhaus, liegt, das die Duse bezieht.

Duse:

"Ein altes Haus zwischen Olivenbäumen, höchst einfach, höchst versteckt und doch nicht weit ab: man gelangt dahin auf einem kleinen Weg, wie es solche zu Klöstern gibt, und der Eingang ist hinter Jasmin versteckt."

Der Erzähler:

Hier ist sie glücklich. Hier glaubt sie an eine Erfüllung von Leben und Kunst.

Um Gabrieles Werk zu dienen, will sie gemeinsam mit dem Schauspieler Ermete Zacconi eine Tournee mit seinen Stücken starten. Aber Zacconi lehnt einen solchen Spielplan ab, und sie geht, um Geld zu verdienen, ohne ihn und mit einem gängigen Repertoire, unter dem sie leidet, auf Gastspielreise nach Florenz, nach Nizza, Cannes, Marseille, Madrid, Lissabon und Porto. Aus Marseille …

Duse:

" … dem hassenswerten … "

Erzähler:

… schreibt sie am 31. März 1898 an den Schriftsteller Adolfo de Bosis:

Duse:

"Ich leide Tod und Verbannung. Ich pendle zwischen Erhabenem und Possentreiberei. Nur zwei Vorstellungen in der Provinz haben genügt, um mir augenfällig zu machen, wie entwürdigend, niedrig, dumm, fragwürdig und niveaulos diese billigen Tourneen sind, die nur auf Gewinn aus sind.

Man kommt nicht drum herum: entweder Primadonna spielen oder Apostel sein … und ich allein weiß, daß das Primadonnaspielen Gift für mich ist und daß Apostel zu sein, ebenso sinnlos ist.

Und Er? Das Genie, für das wir uns einbilden zu leben; einbilden, es zu verstehen, einbilden, es zu verherrlichen und zu verkünden. Aber was

*braucht er uns? In fünf bis zehn Jahren wird sein Werk für die Menge bereit
sein –*

Aber du, arme Duse, wirst hoffentlich dann ein Grashalm sein.

*Und bis dahin? Hier quält mich alles. Ach, könnte ich mit allem brechen
und in Frieden weggehen."*

Erzähler:

Puah. Aber die Erfolge mit dem alten Repertoire halten an.

In Lissabon breiten die Damen nach der *"Kameliendame"* ihre Mantillen
auf die Erde, damit die Duse vom Bühneneingang bis zu ihrem Wagen wie
auf einem Teppich gehe.

Als sie nach Italien zurückkehrt, wird in Bologna das *Teatro Brunetti* auf
ihren Namen getauft.

Duse:

"Ich wünschte, es könnte sich in einen Tempel wirklicher Kunst verwandeln."

Erzähler:

Vor einer neuen Tournee kehrt sie nach Settignano zurück.

Duse:

"Denn nichts ist wertvoll unter den Dingen dieses ungewissesten aller Leben als jener vollständige, sichere, unwandelbare und sich stets erneuernde Austausch von etwas, das sich Liebe und Freundschaft nennt ..."

Erzähler:

Aber Gabriele ist in Florenz, führt ein geselliges, genüßliches Leben.

Duse;

"Von ihm könnte man auch sagen: Das Schicksal hat ihm einen Wagen mit lebendigen Rädern beschert. Nichts hält ihn auf ... Ach, nichts vermag man füreinander in diesem kurzen Leben – und die Worte – sind nichts als Worte."

Erzähler:

Allzu früh beginnt sie, die innere Entfernung Gabrieles zu spüren. Noch ist das berühmte Paar Gesprächsstoff aller Salons, als Eleonora in Briefen aus *San Remo* und Genua an das Ehepaar de Bosis und an die Marquesa Laura Gropallo verräterische Formulierungen verwendet:

Duse:

"Was gäbe ich dafür, einen einzigen befreundeten Menschen neben mir zu haben!

Gestern abend im Theater sah ich Euch, wollte Euch einen Zettel schicken, um Euch zu bitten, auf die Bühne zu mir herunter zu kommen, nur um Euch einen Augenblick zu sehen; aber ich wagte es nicht – und wer verzichtet, tut Unrecht. Dieselbe Welle kehrt nicht wieder. –

Dieses Da-und-dort-sein im eigenen Lande bedrückt mich mehr als irgendeine Tournee in Übersee. Vor einem Jahr, als ich zurückkehrte, hoffte ich noch sehr und rechnete mit der "Toten Stadt" – der einzigen Schönheit. Heute nehmen die Schwierigkeiten, sie aufzuführen, zu statt ab (ich habe nicht die nötige Besetzung in meiner Truppe).

Ich fühle mich also von Neuem auf hohem Meer und ohne Segel. Was werde ich tun? Noch warten? Es gibt Tage, wo mir das Warten unmöglich erscheint. –

Ich muß Zärtlichkeit geben und empfangen ...

Jeden Tag, jeden Tag, jeden Tag trenn ich mich ab von diesem Leben. Zählt nicht mehr auf mich. Ich bin schon jenseits aller Bindung.

Wem das Nichtwiedergutzumachende sagen? Wer kann da trösten?"

Erzähler:

Dennoch beginnt sie nach Beendigung dieser Tournee, die sie aus finanziellen Gründen noch auf Ägypten und Griechenland ausdehnt, mit ungebrochenem Glauben, den Dramatiker Gabriele d'Annunzio auf dem Theater durchzusetzen. Dieser hat inzwischen zwei weitere dramatische Arbeiten abgeschlossen: *"La Gioconda"* und *"La Gloria"*.

Duse:

"Nun ist es abgemacht: Uraufführung der Gioconda in Palermo! Ich kenne keine Uraufführung, die schlechter placiert wäre. Aber wenn man die Ereignisse nicht beherrscht, beherrschen die Ereignisse uns. Nun ist das Einzige, was man tun kann: die Augen schließen und vorwärts! –

Ich komme gerade hier in Messina an – allein wie immer. Wie immer bin ich allein und für jede meiner Taten verantwortlich. Es ist kalt, während der Reise schlugen Hagel und Wind gegen die Scheiben; heute nacht Husten – dazu nicht schlafen können ...

Hier ist alles Lüge und Unwissenheit. –

Man muß einen Punkt machen und neu anfangen – aber solange man mittendrin steht, ist es unmöglich, zu einem Neuanfang zu kommen. Nie, nie in meinem Leben habe ich es so wie heute bedauert, daß ich nicht die dreißigtausend Lire zur Hand habe, um sie den hungrigen Mäulern hinzuwerfen.
...

Die 'Menagerie'-Truppe ist auch angekommen. Aber heute nichts von Proben! In zwei Tagen soll die Pforte des Tempels geöffnet werden, und nichts ist fertig. Bum! Bum! Bum! Große Trommel und Trompeten von allen Seiten, aber in Wahrheit tut niemand was! Jacconi rennt herum, geht weg, kommt wieder ... Die Duse rennt herum, geht weg, kommt wieder – und die Proben? Ach!

Kurz gesagt, das Theater, wo wir in zwei Tagen auftreten wollen, ist nicht frei, und wir wissen nicht, wo wir probieren sollen. – Ein Leben wie aus lauter Scherben – so sehr ist immer der Zufall Meister.

Ich verspreche aber, ich werde alles tun, was ich kann, und noch mehr als ich kann, um diese zwei Monate auf jeden Fall sicher zu stellen. Aber kann ich dafür garantieren?

Und wenn es nicht gelingt, diese zwei Monate zum guten Ende zu bringen, wo stehen wir dann? Ich kenne meine finanziellen Verhältnisse, aber was niemand wirklich zu verstehen scheint, ist meine Verantwortung für einen jungen leidenden Menschen, der niemanden hat als mich: Enrichetta, meine Tochter.

Immer das gleiche Leid.

Alles ist immer das gleiche Leid."

Erzähler:

Am 5. April 1899 findet dennoch in Palermo die Uraufführung von *"Gioconda"* statt. Trotz sehr hoher Eintrittspreise ist das *Teatro Bellini* ausverkauft.

Aber in den zwanzig Logen des vierten Rangs haben sich Studenten niedergelassen, die auf das Stück Gabriele d'Annunzios wie auf eine Beute warten. Schon vor Beginn der Vorstellung lärmen, singen und pfeifen sie: resolute Moralisten, die dem bevorstehenden unverbindlichen Schönheitskult den Garaus zu machen wild entschlossen sind. Obwohl der Herzog von Orléans und internationale Theaterprominenz angereist sind, wird bereits in das Öffnen des Vorhangs hinein ein Schlager gepfiffen.

Die Duse tritt auf und nimmt den Kampf auf. Unter größten Anstrengungen bringt sie die Vorstellung zu Ende.

Aber das Finale geht in rabiatem Protestgetöse unter.

An dieses fragwürdige Uraufführungsergebnis schließt sich eine zweimonatige Tournee mit dieser *"Gioconda"* durch ganz Italien an. Fast alle Vorstellungen sind ein permanenter Kampf gegen das Publikum.

81

D'Annunzio begleitet die Truppe in unbeirrbarer Selbstbewunderung. Hochelegant, mit Frack, Monokel und Knopflochnelke tritt er überall lächelnd und dankend vor die pfeifenden und schreienden Zuschauer. Während dieser Tournee wird in Neapel sein Drama *"La Gloria"* mit so eklatantem Mißerfolg uraufgeführt, daß keine weitere Vorstellung erfolgt.

Mit beiden Stücken haben die beiden erneuerungsdurstigen Künstler nicht zu beweisen vermocht, daß die Gesetze der Schönheit allen anderen menschlichen Regeln übergeordnet werden können. Oder war es nur die falsche Schönheit?

Nach Rom zurückgekehrt, macht Gabriele die Duse mit seinem Roman *"Il fuoco"* oder *"Das Feuer"* bekannt, der ein Schlüsselroman über das Verhältnis zwischen ihnen beiden ist und von aller Welt auch unverzüglich so verstanden wird. Mit größtmöglicher Indiskretion sind da intimste psychische und erotische Vorgänge zwischen Gabriele und Eleonora zu Papier gebracht. Alle Welt ist empört und über Gabrieles Geschmacklosigkeit schockiert.

Die Duse schweigt, aber als ihr Impresario sie zu einem Verbot des Romans veranlassen will, erwidert sie:

Duse:

"Ich kenne den Roman und habe seine Drucklegung gestattet, denn mein Leiden, wie groß es auch sein mag, zählt nicht, wenn es sich darum handelt, der italienischen Literatur ein neues Meisterwerk zu bescheren.
Überdies, ich bin vierzig Jahre alt ... und ich liebe."

Erzähler:

Ihr so ängstlich geheim gehaltenes Privatleben steht plötzlich im gleißenden Lichte der Öffentlichkeit und allgemeinen Neugier. Sie ist tief verwundet, aber bekennt sich zu Gabriele – und zu sich selbst.

Duse:

*"Während ich zittere, daß irgend jemand oder die Menge über mich lacht –
weiß ich doch im Grunde meines Herzens, daß ich nach nichts anderem
verlange, als noch mehr zu leiden und für einen geliebten Menschen zu zittern, der um die Liebe wüßte. Denn keiner ... keiner von uns allen weiß
wirklich zu lieben! Wir lieben, aber so klein, mit zu vielen Klagen, mit fal-
scher Scham, mit mangelndem Glauben und voller Angst zu leiden!*

*Die Angst zu leiden ist dumm und kläglich. Und alle scheitern an dieser
Klippe. Soll man sich denn wirklich nur so weit hingeben, wie unsere Kraft
dabei sich steigert, und nicht über jene Grenze hinaus, wo sie sich verrin-
gert?*

*Ist nicht die eigentliche Stärke eines Gefühls, sogar die einzige Stärke viel-
leicht die, weder Maß noch Grenze zu kennen?"*

Erzähler:

Dann aber meldet sich ihre höchst empfindliche Tochter zu Wort.

Diese Enrichetta, die fern vom Leben der Mutter bei Pflege-Eltern oder in
behüteten internationalen Internaten aufwächst, hat dort erst spät erfahren,
wessen Tochter sie ist, ihre Mutter aber nie auf der Bühne bewundern dürfen. Inzwischen achtzehnjährig, hat sie als Patientin eines Lungensanato-
riums *"Il fuoco"* gelesen, bittet die Mutter unverzüglich zu sich und stellt
sie entsetzt zur Rede.

Eleonora erklärt ihr:

Duse:

*"Ich habe zwei Arme. Der eine heißt Enrichetta, der andere Gabriele d'An-
nunzio. Ich kann keinen von beiden abschneiden, ohne zu sterben."*

Erzähler:

Weniger Verständnis als bei der Tochter findet sie bei ihrem Impresario
Schurmann, zumal sie in gesteigertem Maße den Wunsch hat, Stücke von
Gabriele d'Annunzio zu spielen. Ihr missionarischer Eifer ist ungebrochen.

83

Schurmann weist sie nicht zuletzt auf die kargen Einspielergebnisse der Stücke d'Annunzios hin.

Duse:

"Vielleicht haben Sie recht, aber wenn man sich zwischen dem Herzen und der Vernunft entscheiden muß, gehorche ich dem Herzen."

Erzähler:

Sie stellt ihre Truppe neu zusammen und spielt 1900 *"Die tote Stadt".* Zwei Jahre lang spielt sie jetzt ausschließlich Stücke von Gabriele d'Annunzio. 1901 ist seine *"Francesca da Rimini"* fertig, der er ein Widmungsgedicht mit dem Titel *"Der göttlichen Eleonora Duse"* voranstellt.

In der Übersetzung von Walter Benjamin lesen sich zwei Strophen daraus so:

Gabriele d'Annunzio:

"...In meinem Innern steht dies Bild gegründet
der Herrlichen, und ihrer Rede Weihe
entflammt mein bestes Teil zu neuer Brunst.
Laß, Unermüdete, du uns verbündet
zum Gotte flehn: so jähen Trieb er leihe
wie grenzenlosen Hochmut unsrer Kunst;
auf daß hier diese Blätter wert der Gunst,
wert der Berührung durch so reine Hände,
die unter ewige Sterne sie versetze.
Sie ist der wahre Prüfstein unsrer Schätze.
Sie spricht: mein Los und deins – dieselben Brände
verzehren sie, wenn überm Lärm der Massen
mich deine Geistesblitze strahlen lassen.

Sie legt auf meinen surrenden, den Bogen,
die neue Sehne, die sie selber wand

84

und schmeidigte zu schwirrendem Gesange.
Gluströme hat sie mir ins Herz gesandt:
den Goldpfeil habe ich hervorgezogen
allmorgendlich, daß er ans Ziel gelange.
Mich macht die schrille Lache nicht mehr bange
der Toren, nicht ihr abgeschmacktes Loben,
das niederregnend alles überschwemmt.
Mich kümmert's nicht. Von allem, was beklemmt,
was mich gemein macht, hat sie mich erhoben.
Mein Wollen, mein Verachten gehn verschworen
dem Ziel entgegen, das ich mir erkoren."

Erzähler:

Die aristokratische Egozentrik auch dieses Zueignungsgedichtes macht die Duse nicht etwa irre an ihrer Mission. Um sie zu realisieren, nimmt sie größte Unkosten auf sich. Allein die Inszenierung von *"Francesca da Rimini"* kostet den damals absolut einmaligen Betrag von 400 000 Lire.

Die Premiere in Rom wird ein ebenso einmaliges Debakel. Drei Stunden lang, vom ersten bis zum letzten Wort, steht die Duse vor einem pausenlos zischenden und pfeifenden Publikum.

Dennoch gibt sie nicht auf. Auf ein Gastspielangebot aus Berlin antwortet sie telegrafisch:

Duse:

"Entweder viermal Gioconda oder gar nichts."

Erzähler:

Berlin muß akzeptieren und sich *"La Gioconda"* präsentieren lassen.

Alfred Kerr preist jedoch die Duse auch hier über alles Maß und verzeiht ihr das Stück:

Alfred Kerr:

"Was tat es? Wer denkt an dieses Stück?"

Erzähler:

Heftiger als dieser geringschätzige Schnörkel sind die Angriffe zum Beispiel in Paris, wo der *"Gaulois"* mit seinen Bedenken gegenüber Gabriele
d'Annunzio einen Brief der Duse provoziert:

Duse:

"Sehr geehrter Herr,

*... Die Zeiten haben sich geändert. Unsere Aufgabe entspricht heute unse-
rem Bedürfnis nach einem Traum, einer Hingabe und einem Tun.*

*Schon seit längerer Zeit ist die italienische Literatur aus der romantischen
und vaterländischen Periode heraus, die reich war an hochgesinnten Gei-
stern, aber arm an dauerhaften Formen.*

*Jetzt begrüßt man auf den alten Brettern, zwischen zwei Possen, die Wie-
derkunft der Dichtung. Eine beachtenswerte Begegnung hat sich bei der
geistigen Jugend und in der öffentlichen Meinung angebahnt ... Man erkennt die Notwendigkeit eines nationalen Theaters. Man diskutiert, man
ereifert sich. Man hat kürzlich erlebt, wie Menschen aus allen Schichten
sich für das Schicksal einer Tragödie interessierten und am literarischen
Kampf mit einer Heftigkeit teilnahmen, wie es bis heute nur bei Wahlkämp-
fen der Fall war. Es gibt keinen Streichholzverkäufer auf der Straße, der
nicht mit lauter Stimme seine Meinung über die 'Francesca da Rimini' ge-
äußert und als Autorität dazu seinen Dante zitiert hätte.*

*Man kann darüber lächeln. Morgen, vielleicht, wird man es besser beurtei-
len können.*

*Als Künstlerin und als Italienerin halte ich auf die Ehre, meinen Namen und
meinen aufrechten Willen dieser Erneuerungsbewegung beizugesellen und
mich in den Dienst einer schönen und fruchtbaren Idee zu stellen.*

Kluge Leute werfen mir vor, mein altes Repertoire, das meinen Ruf begründet hat, verlassen zu haben. Man ist der Meinung, daß ich in aller Ruhe viel Geld verdienen, Ruhm erwerben und Scherereien vermeiden könnte.

Ich halte es für unwürdig, eine Virtuosin zu sein, die mit ihrer Kunstfertigkeit prangt. Ich halte es für unwürdig, meinen persönlichen Erfolg über das Werk zu stellen. Auch in unserer Kunst vollzieht sich eine Entwicklung. Eleonora Duse. "

Erzähler:

Unerschüttert durch Mißerfolge, die sie unrealistisch auslegt, nimmt sie für ihren überschätzten Poeten sogar den Kampf mit Amerika auf. Von 1902 bis 1903 unternimmt sie ihre dritte Amerikatournee, diesmal unter der Bedingung, nur Stücke von Gabriele d'Annunzio zu spielen.

Als ihr Impresario sich dagegen wehrt, trennt sie sich von ihm.

Sie verlangt sogar, daß d'Annunzio sie auf dieser Tournee durch Amerika begleitet. Da aber macht der amerikanische Manager nicht mit. Ihrem neuen Europa-Agenten teilt er seine Bedenken mit:

Amerikanischer Manager:

"Frau Duse selbst kann jederzeit nach Amerika kommen; sie wird ohne Zweifel einen großen Erfolg haben.

Sollte aber Herr d'Annunzio sie begleiten, dürften die Konsequenzen verheerend sein. Der Grund dafür liegt auf der Hand. Was Herr d'Annunzio der Dame angetan hat, ist hierzulande wohlbekannt. Sein letztes Buch, dessen Hauptfigur die große Schauspielerin ist, wurde in der amerikanischen Presse eingehend diskutiert, mit dem Resultat, daß er die Verachtung aller amerikanischen Frauen auf sich gezogen hat. D'Annunzio würde nicht nur Gefahr laufen, vom Publikum ausgepfiffen zu werden – er würde auch den Erfolg der Tournee ernsthaft gefährden.

Nein, ich kann auf einen derartigen Vorschlag nicht eingehen. "

Erzähler:

Also kommt die Duse ohne ihn, aber mit dreien seiner Stücke in die *USA*. Aber auch diese Stücke werden von den Amerikanern boykottiert: die Vorstellungen sind oft nicht einmal zur Hälfte verkauft.

Ohne daß d'Annunzio das erfährt, läßt die Duse ihm Tantièmen in einer Höhe überweisen, als seien sämtliche Vorstellungen ausverkauft gewesen. Um das zu ermöglichen, verkauft sie ihre Häuser in Venedig und Florenz.

Schließlich muß sie dem Drängen der Agenten nachgeben und wieder das verhaßte alte Repertoire zu spielen beginnen.

Inzwischen hat d'Annunzio sein Domizil in Settignano aufgegeben und lebt mit einer andern Frau in *Marina di Pisa*.

Duse:

"D'Annunzio hasse ich. Doch ich bete ihn an."

Erzähler:

Trotzdem nimmt die Entfremdung ihren Lauf.

Warum der so hartnäckig gesuchte gemeinsame Erfolg dieser scheinbar so wahlverwandten Persönlichkeiten nicht zustande kommen konnte, hat schlüssig, wenn auch milde und kollegial kein Geringerer formuliert als Luigo Pirandello:

Luigi Pirandello:

"Um das klar zu machen, brauche ich nur die hervorstechenden Charakteristika des Theaters d'Annunzios mit den hervorstechenden Charakteristika der Schauspielkunst Eleonora Duses zu konfrontieren.

D'Annunzios Kunst ist vollkommen äußerlich. Sie beruht auf einem großartigen Stil der Form, auf der wundervollen Fülle des Wortschatzes. Es ist eine wirklich phantastische Kunst, deren Wert nicht so sehr in den Dingen liegt, die sie ausdrückt, als in der Genialität, mit der sie ausgesprochen

*werden. Es ist eine Kunst, die vollkommen auf Empfindungen aufgebaut ist,
auf Empfindungen, die nur in der Phantasie bestehen, in der Einbildung;
und diese Phantasie muß mehr und mehr musikalisch werden, mehr und
mehr auf die Sinne wirken.*

*Die Kunst der Eleonora Duse ist das absolute Gegenteil von all diesem. In
ihr ist alles innerlich einfach, unausgeschmückt, beinahe nackt. Ihre Kunst
ist die Quintessenz einer reinen, erlebten Wahrheit, eine Kunst, die sich von
innen nach außen auswirkt. Für sie bedeutet Erleben Ausdruck, nicht Para-
de, Ausdruck auf dem direktesten Wege, ohne Übertreibung. Ihre Kunst ist
auch immer und ganz eine Kunst der Bewegung. Ein unausgesetzter, ruhe-
loser, fortlaufender Fluß, der weder die Zeit noch die Möglichkeit hat anzu-
halten, noch sich in irgendeiner gegebenen Haltung zu fixieren: nicht einmal um der Freude willen, eine Pose in der Wahrheit ihres Ausdrucks für
einen Moment lang festzuhalten. Es ist eine scheue und keusche Kunst, und
es war ein tragischer Moment ihrer Laufbahn, als sie diese in den Dienst
des unscheuesten und schamlosesten Dichters stellte, der je gelebt hat.*

*Ich glaube, daß ich nie in einem Theater so gelitten habe wie bei der ersten
Aufführung von d'Annunzios "Francesca da Rimini" im "Costanzi" in Rom.
Die Kunst der großen Schauspielerin schien gehemmt, verzerrt, sogar zersplittert durch die überreiche Zeichnung von d'Annunzios Heldin; ebenso
wie die Handlung der Tragödie selbst gehemmt, verzerrt, zersplittert ist
durch den ungeheuren Strom von d'Annunzios Rhetorik. Arme Francesca!
Für mich, und ich glaube, auch für viele andere rief der Eindruck eine tiefe
und traurge Sehnsucht nach ihrer "Marguerite Gautier" hervor, und ich gestehe, daß ich auch später, als ich sie noch die beiden Tragödien "Gioconda" und "La Città Morta" von d'Annunzio spielen sah, dieselbe Sehnsucht
nach vielen von diesen wertlosen und mittelmäßigen Rollen des alten Theaters fühlte, die die Duse verlassen hatte.*

*Warum konnte sie dasselbe Wunder nicht bei d'Annunzios Stücken vollbrin-
gen?*

*Die Duse fand in d'Annunzios Dramen eine Form, die unter künstlerischen
Aspekten bereits vollendet war und auf die sie unentwegt Rücksicht nehmen
mußte. Das war eine verhängnisvolle Beschränkung ihrer eigenen Kunst,*

89

die so spontan und genial ist. D'Annunzio gab ihr eine Reihe wunderbarer eleganter literarischer Masken zu spielen, zu denen sie nicht ein einziges Detail hinzufügen durfte und denen sie sich anpassen mußte. Und darum gab es hinter diesen Masken von d'Annunzio keines dieser wirklich grundlegend menschlichen Elemente, die die Duse sogar in den schlechten Stükken ihres alten Repertoires fand: kein Samenkorn, das sie zum Keimen bringen durfte.

Ich möchte nicht wagen zu behaupten, daß ihre körperliche Krankheit und die sich häufenden Schwierigkeiten im Bühnenleben Folgen ihrer nutzlosen Anstrengungen waren, ihre eigene Kunst der d'Annunzios anzugleichen. Aber ich behaupte, daß die d'Annunzio-Episode nicht ohne Einwirkung auf ihre schauspielerische Karriere blieb. Zweifellos wurde die Duse auf dem Höhepunkt ihrer Entwicklung durch das d'Annunzio-Theater von den wirklich großen dramatischen Momenten, die ihre Zeit ihr bot, abgelenkt. Ich meine, das Theater von Ibsen harmonierte sicher viel mehr mit dem künstlerischen Talent der Duse und mit der Notwendigkeit, die sie immer fühlte, unumrissene Seelenzustände in wunderbarer Klarheit auszudrücken."

Erzähler:

Trotz dieser zunehmenden Entfremdung und während Eleonora unter Schuldenbergen krank zusammenbricht, schreibt d'Annunzio 1903 noch einmal ein Stück mit einer Rolle für sie: *"La figlia di Jorio"*: *"Die Tochter Jorios"*.

Das Stück soll von der jungen *Compagnia Virgilio Talli-Gramatica-Calabresi* uraufgeführt werden, deren Primadonna Irma Gramatica sich schließlich bereit erklärt, die weibliche Hauptrolle für die ersten Vorstellungen der Duse abzutreten.

Als diese Abmachung perfekt ist, schickt Eleonora einen jubelnden Eilbrief an Gabriele:

Duse:

"Es ist also entschieden! Gabri – Süße – Kraft – einzig schmerzensreicher Teil meines Lebens! Es ist entschieden!

Auch ich sage Amen, und so sei es!

Damit werde ich alles hingeschenkt haben für Dein gutes Geschick – und wenn mir das Herz bricht – jetzt, dieses letzte Mal ... so sei es! Daß das Herz dabei in Stücke geht, es zählt nicht, es zählt nicht!

Entsinne Dich, eines Tages – wie tief die Liebe ist, die man dem anderen schenkt!

Eleonora"

Erzähler:

Die Proben finden in Verona statt, das an frühe Kindheitserfolge erinnern mag.

Aber eine Woche vor der Premiere erkrankt Eleonora schwer.

Die fällige Premierenverschiebung wird von d'Annunzio rigoros abgelehnt: die Gramatica soll die Premiere spielen. Eigenhändig liefert ihr die kranke Duse ihre bereits fertiggestellten Kostüme aus.

Duse:

"Dieser infernalische d'Annunzio!"

Erzähler:

Die Premiere am 3. März 1904 in Milano ist überaus erfolgreich, und während d'Annunzio zum ersten Male stürmisch gefeiert wird, liegt Eleonora in einem Hotelbett in Genua. Sein taktloses Jubeltelegramm beantwortet sie mit der unpersönlich indirekten Benachrichtigung,

„sie wolle nichts mehr von ihm hören und werde nie wieder in einem seiner Stücke auftreten".

Sie hat wohl endlich begriffen, daß sie für ihn und sein Werk nicht länger vonnöten ist:

Duse:

"Früher schien mir, daß ich für Dich die allerdemütigsten und allerhöch-
sten Dinge hätte tun können.

Jetzt scheint mir, daß ich für Dich nur noch eins tun kann: fortgehen, ver-
schwinden, Dich frei Deinem Schicksal überlassen."

Erzähler:

Puah. Dreizehn Jahre später, im Juni 1917, erzählt sie ihrer lettisch-russi-
schen Freundin Olga Resnevic über ihre Zeit mit Gabriele:

Duse:

"Es war an einem frühen Morgen in Venedig, daß wir uns begegneten. Ich
war allein nach einer schlaflosen Nacht ... Unverhofft sah ich ihn vor mir,
wie er aus einer Gondel stieg ... Man sprach über Kunst, man sprach über
das Elend der heutigen Bühnenkunst ... kein bindendes Wort wurde gespro-
chen – aber schweigend wurde ein Pakt geschlossen ...

Ich reiste nach Amerika, auf der Suche nach Geld, um damit einen Traum
wahrzumachen; jede Mühe wurde leicht aus diesem geheimen Grunde. Er
schuf, ich versuchte, seinen Geschöpfen Bestand zu geben und Leben einzu-
flößen. Ein paar Freunde, die ins Theater kamen, um mich zu sehen, sagten
bedauernd: 'Ach, die arme Duse richtet sich zugrunde'. Aber nein, das Geld
gehörte mir und ihm; keiner schuldete keinem was. Man erträumte gemein-
sam ein Theater in Albano, einen beständigen Tempel, um dort die Dich-
tung ins Leben zu rufen, ohne sie auf Märkten zu profanieren ... Doch der
Traum des Theaters in Albano zerrann, wie im grausamen Licht des Tages
die Träume zerrinnen ...

Und nach neun Jahren geschah die Trennung. Es ist das verhängnisvolle
Geschick der Dinge, die eine Geburt und einen Tod haben ... 'Was wirst du
beginnen?' fragte er, als er für immer ging. 'Ich werde mein Leben wieder
aufnehmen, ich werde arbeiten'."

Erzähler:

Aber einer Wiederaufnahme von Leben und Arbeit widersetzt sich der tief getroffene Organismus noch lange. 29 Tage lang liegt sie schwer krank in jenem Genueser Hotelbett und kämpft gegen die Niederlage von Körper und Seele an.

In Briefen an das Freundespaar de Bosis deutet sie ihre Misere an:

Duse:

"Der Tod ist über mich hinweggegangen – seit Tagen – heute nacht. – Er ist vorüber gegangen. ... Ich kann nicht über mein Inneres schreiben, ich kann nur sagen, daß ich nicht umgebracht werden will – daß ich nicht so sterben will. –

Ich hoffe, bald zu meiner Arbeit zurückzukehren ...

Ich bleibe auf meinem Platze bis ans Ende.

Das Ende ist in Sicht. –

Falls alles zusammenstürzen sollte, so ist es wirklich wegen dieser Gesundheit, die sich nun aufbäumt – und sie wird, zu ihrer Zeit, von sich aus entscheiden ... Wir glauben uns ewig und schlagen um uns --- während es doch genügt, warten zu können, und alles vollzieht sich. ...

Im großen Reiche der Kunst stürzt noch nichts, wenn ein Herz leidet. Und mit eigener Hand meinen Namen aus dem Buch der Kunst – – – auszulöschen, ist allzu leicht. –

Er wird von selbst ausgelöscht werden – binnen Kurzem: also, solange ich lebe, werde ich tätig sein.

Und der Ausklang ist nicht mehr fern. Au revoir. Man wird arbeiten."

Erzähler:

Und einige Tage später, immer noch in jenen kritischen Märztagen 1904, wieder an Adolfo de Bosis:

Duse:

"Nachdem ich Deinen Brief gelesen hatte, habe ich mir ein Veilchensträuß-chen geschenkt. Ich mir selbst ... Ich ließ es in den Straßen der Stadt su-chen, und wenn auch von Hand zu Hand, ist es völlig frisch bei mir ange-kommen: ich sehe eins dieser Veilchen ums andere, eins neben dem anderen und jedes für sich. Sie sind so klein! Es freut mich so sehr, sie leben zu se-hen (– leben? –)!

Die Veilchen sind das Eine, die Straßen was Anderes ... alles ist 'was Ande-res' --- Ich weiß – ich weiß beseligend gewiß – daß jetzt meine Stunde ge-kommen ist, um allein und fähig zu sein, zu einem guten Ende zu gelangen."

Erzähler:

Puah?

Duse:

"Aber die kindliche Manie, die Jahre bis zum heutigen Tage zu zählen – (bis 43) – nimmt mir nicht, sondern erhöht mir die Illusion, die ich mir nun schon aufgebaut habe: für andere Geschöpfe und mit ihnen zu leben ... so – für und mit den andern, wie diese Veilchen ... jedes lebt für sich, aber jedes vom andern, das steht für mich fest.

Das ist vielleicht ein Lebensirrtum, aber so fühle ich das Leben in mir. Ich bin nicht allein!"

Erzähler:

So beginnt sie also, die lebensgefährliche Krise durch neue Aufgabenstel-lung und neue Koordinatensysteme aus eigener Kraft zu überwinden.

Duse:

"Wenn es ein Wunder war, von jenem Tode der 'Tochter Jorios' wieder auf-zuerstehen (ein Tod in der Kunst gleicht sehr dem Tode eines Menschen), –

ich habe sie vollbracht, diese Illusion des Wunders, aus meinem Willen heraus, ganz aus mir selbst. "

<u>Erzähler:</u>
Mitte April 1904 ist sie wieder in Rom und stabil genug, um sich jene Vorstellung anzusehen, die den Zusammenbruch ausgelöst hatte.

<u>Duse:</u>
"Seit heute morgen bin ich in Rom. Heute abend gehe ich in die 'Tochter Jorios', und das Herz wird nicht zittern. Ich liebe das Leben. Man schafft und will wollen – das ist wichtig.
Und morgen werde ich frei sein. "

<u>Erzähler:</u>
Wieder mal puah. In der Tat hat sie dann nach diesem prometheïschen Akt der Selbstbefreiung die Fixierung auf Gabriele d'Annunzio, ihren sogenannt *"heiligen Teufel"*, auch künstlerisch überwunden und sucht nach neuen, nach angemesseneren Aufgaben.

Sie bemüht sich um Shelley und Maeterlinck, entscheidet sich dann aber für Ibsen, den sie zwar schon früher spielte, von dem aber d'Annunzio abgelenkt hatte.

Nun beauftragt sie ihren Freund Adolfo de Bosis, *"John Gabriel Borkman"* für sie zu übersetzen. Adolfo erfüllt ihr den Wunsch und muß das Ganze noch zweimal neu übersetzen, bis die Duse sich entschließt, dieses Ibsen-Stück doch nicht zu spielen. Stattdessen nimmt sie *"Hedda Gabler"* und *"Rosmersholm"*, später dann *"Die Frau vom Meer"* in ihr Repertoire auf.

Noch in der Entkräftung der großen Krise schreibt sie an die befreundete Yvette Guilbert:

<u>Duse:</u>

"Mir liegt nun eine Dichtung am Herzen, von der ich zu sagen wage, daß sie bis jetzt niemand so sehr geliebt hat wie ich.

Es ist das Werk eines ganz Großen, den man schlecht aufgeführt hat. Doch wenn ich leide und keinen Atem mehr zum Leben habe, schließe ich die Augen, erblicke dann 'meine Vision' und weiß, daß sie schön ist.

Ich vertraue Dir den Namen meiner schönen Trösterin an, jedoch (eine Sterbende spricht zu Dir) sag ihn (noch) keinem weiter. Meine schöne Trösterin ist, während meine Seele im Sterben liegt, Ibsens 'Die Frau vom Meer'.

Sie ist tröstlich und schön und wechselnd wie das Meer selbst, und ihr Name enthüllt sich ganz dem, der zu verstehen weiß. "

Erzähler:

Sie spielt also weiter, geht auf Tournee, wird begeistert aufgenommen, verehrt und gefeiert.

Nach Köln, Hannover, München und Wien spielt sie wieder in Paris, nun aber nicht mehr im Hause Sarah Bernhardts, sondern im kleinen *Théâtre de l'Œuvre*, das unter der Leitung des Avantgardisten Aurélien Lugné-Poe den Parisern das moderne zeitgenössische Theater vorstellt und Stücke von Ibsen, Strindberg, Maeterlinck und Gerhart Hauptmann, aber auch von d'Annunzio spielt.

In diesem Theater beschäftigt sich die Duse nun besonders gründlich mit Ibsen und fühlt sich wohl dabei. Sie lebt auch wieder gern. Der künstlerische und finanzielle Erfolg macht sie hier überdies geselliger, sie kleidet sich elegant, geht zu Festlichkeiten und sitzt gern mit jungen unbekannten Künstlern zusammen.

Ihre alte Truppe, mit der sie nicht mehr viel verbindet, löst sie auf. Nach kurzen Gastspielen in London und Florenz kehrt sie als Beraterin zu Lugné-Poe nach Paris zurück, wo Gorkijs *"Nachtasyl"* einstudiert – und ein Publikumsdebakel wird.

96

Da greift sie ein, spielt inmitten einer französischsprachigen Aufführung auf Italienisch eine winzige Rolle für eine Statistengage und lockt damit große Mengen von Pariser Snobs in die Vorstellung.

Dann spielt sie in Milano im selben *"Nachtasyl"*, hiesigem *"Albergo dei poveri"*, die große Rolle der Wirtin Wassilíssa, und als sie schließlich ein gutes Gastspielangebot nach Norwegen, in das Land des Magneten Henrik Ibsen, erhält, ist ihre Aktivität wieder ganz zurückgewonnen:

Duse:
"Es lebe die Arbeit! Weiter, wieder weiter, immer weiter!"

Erzähler:
Eigentliches Ziel dieser Skandinavienreise ist die erhoffte Begegnung mit Henrik Ibsen, dessen Stücke sie jetzt fast nur noch spielt.

Aber diese ganze Unternehmung schlägt fehl.

In Kopenhagen stirbt während ihrer Ankunft der dänische König, und die Hoftrauer verbietet jede Theatervorstellung;

auf der Weiterfahrt nach Oslo erhält sie die Nachricht, daß Ibsen einen Schlaganfall erlitten habe;

bei der Anknuft in Oslo erkrankt auch Eleonora selbst; der Arzt des norwegischen Königs kuriert ihre Seele mit Gesprächen und Cellomusik;

dann steht sie stundenlang im Schnee vor dem Hause des kranken Ibsen, zu dem sie nicht vorgelassen werden kann

und der auch auf ihren hineingereichten Brief, auf ihren Blumenstrauß gar nicht reagiert.

Ihre Vorstellungen in Oslo sind zwar überaus erfolgreich, aber der Fehlschlag ihres eigentlichen Ansinnens treibt sie weiter.

In Stockholm darf sie wegen politischer Spannungen zwischen Schweden und Norwegen keinen Ibsen spielen, und wieder erkrankt sie da: vierzehn Tage lang liegt sie in Stockholm zu Bett.

Dann reist sie weiter, bleibt pausenlos unterwegs und spielt in *Cap Martin*, Nizza, Avignon, Marseille, Genua, Milano, Chiasso, Luzern, Basel, *Les Aubrais*, Bordeaux und Biarritz – meist Ibsen.

Duse:
"Ohne 'Rosmersholm' wäre ich schon längst gestorben."

Erzähler:
Überall, auch auf den erneuten großen Tourneen nach Lateinamerika und Rußland, durch Deutschland und Österreich wird sie übermäßig gefeiert, als Wunder und Legende verehrt und bestaunt.

Hermann Bahr, vor runden fünfzehn Jahren quasi ihr Entdecker und seither stetiger Beobachter, deutet auch die scheinbar vergeudeten d'Annunzio-Jahre nunmehr als Gewinn:

Hermann Bahr:
"Sie ist vor d'Annunzio die größte Schauspielerin der Welt gewesen, sie hat ihn nicht gebraucht, sie wäre künstlerisch auch ohne ihn, was sie ist.

Aber menschlich ist sie uns durch ihren Glauben an ihn, durch ihre Treue, durch ihren fanatischen Trotz gegen alle kleinmütigen Warner und Zweifler unendlich teuer und rührend geworden.

Sie mag das wohl selbst fühlen, und aus dieser Empfindung strahlt über sie, wenn sie spielt, ein Schimmer und ein Glanz herab, den sie sonst nicht hat."

Erzähler:
Puah. Und der spitze, der zynische, unerbittliche Alfred Kerr in Berlin kann des Lobens und Preisens gar kein Ende finden, wann immer er sie zu rezensieren hat. Wie selten in seinen Kritiken wird er angesichts der Duse auch

gar zu einem sehr genauen Beschreiber und präzisen Schilderer, etwa wenn er ihre *"Fedora"* von Victorien Sardou beschreibt:

Alfred Kerr:

"Die Duse als Fedora wird gefragt, wen der Graf Loris anbetet. Dieser Loris ist der Mörder ihres Bräutigams. Sie hat ein einziges Ziel: ihn zu vernichten. Zugleich beginnt sie unbewußt, ihn lieb zu haben. Als sie nun gefragt wird, wer die Person ist, die von Loris angebetet wird, hat die Duse zu sagen: 'Ich'.

Dieses 'Ich', wie sie es spricht, drückt aus: der Mann ist ein verworfener Schurke, den ich hasse, aber es ist seltsam, wie auffallend er mich verehrt, ich mache darüber höhnische Bemerkungen, doch leise, leise lieb ich ihn, ohne es zu wissen, und wenn das jemand behaupten wollte, daß ich dem Mörder meines Teuersten auch nur verzeihe, so würde meine Trauer ihn namenlos verachten und solche Roheit im Innersten beklagen ..."

Erzähler:
Puah?

Alfred Kerr:

"Die Duse macht, um das auszudrücken, eine einzige Armbewegung, eine einzige Gesichtsbewegung und eine einzige Pause; dann sagt sie ' ... io'.

Und für die Dauer eines längeren Daseins vergißt man dieses 'io' nicht mehr.

Hier ist neben allem anderen ein Gipfel der Technik. Nach Jahr und Tag wird man sich klar, daß zu solcher Wirkung auch eine grenzenlose Technik nötig gewesen sein muß."

Erzähler:

Aus anderer Perspektive schildert Rainer Maria Rilke, der sie auch im *"Bildnis"* seiner *"Neuen Gedichte anderem Teil"* besungen hat, die Duse in seinem Roman *"Malte Laurids Brigge"*. Hier spricht er sie im Kapitel über das Theater in Orange unmittelbar und persönlich an:

<u>Rainer Maria Rilke:</u>

"Wir haben kein Theater, so wenig wir einen Gott haben [...].

Hätten wir ein Theater, stündest du dann, du Tragische, immer wieder so schmal, so bar, so ohne Gestaltvorwand vor denen, die an deinem ausgestellten Schmerz ihre eilige Neugier vergnügen? ...

In allen Städten, wohin du kamst, beschrieben sie deine Gebärde; aber sie begreifen nicht, wie du, aussichtsloser von Tag zu Tag, immer wieder eine Dichtung vor dich hobst, ob sie dich berge. Du hieltest dein Haar, deine Hände, irgendein dichtes Ding vor die durchscheinenden Stellen. Du machtest dich klein; du verstecktest dich, wie Kinder sich verstecken. Aber, schautest du dann vorsichtig auf, so war kein Zweifel, daß sie dich die ganze Zeit gesehen hatten, alle in dem häßlichen, hohlen, äugigen Raum: dich, dich, dich und nichts anderes.

Und es kam dich an, ihnen den Arm verkürzt entgegenzustrecken mit den Fingerzeichen gegen den bösen Blick. Es kam dich an, ihnen dein Gesicht zu entreißen, an dem sie zehrten. Es kam dich an, du selber zu sein."

<u>Erzähler:</u>

Ja: puah.

<u>Rainer Maria Rilke:</u>

"Deinen Mitspielern fiel der Mut; als hätte man sie mit einem Pantherweibchen zusammengesperrt, krochen sie an den Kulissen entlang und sprachen, was fällig war, nur um dich nicht zu reizen. Du aber zogst sie hervor und stelltest sie hin und gingst mit ihnen um wie mit Wirklichen. Du fühltest, wie dein Herz sich unaufhaltsam steigerte zu einer immensen Wirklichkeit, und

erschrocken, versuchtest du noch einmal die Blicke von dir abzunehmen wie
lange Fäden Altweibersommers – :
Aber da brachen sie schon in Beifall aus in ihrer Angst vor dem Äußersten:
wie um im letzten Moment etwas von sich abzuwenden, was sie zwingen
würde,
ihr Leben zu ändern."

Erzähler:

Rilke hat hier viel vom inneren Widerspruch und jenem Mißverhältnis er-
faßt, das die Duse in der Tat angesichts ihrer sensationellen äußeren Erfolge
empfand. Sie mißtraute dieser undifferenzierten Resonanz und begann, der
Resignation in ihrem Inneren Raum zu gewähren.

Als sie in Paris die junge Suzanne Deprès Ibsens *"Nora"* spielen sieht,
schickt sie ihr mit einem begeisterten Brief ihr eigenes Nora-Kostüm – zum
Zeichen, daß sie selbst diese Rolle nun nie mehr spielen will.

Und an Aurélien Lugné-Poe schreibt sie hierzu:

Duse:

"Je mehr mein Leben von der lebendigen Flamme der Kunst abrückt, je
mehr mein Leben schon in der allgemeinen Vergessenheit untertaucht ...
umso mehr lechze ich danach, eben jene Kunst in einem andern Menschen
zu bewundern und zu lieben ... ".

Erzähler:

Als sie in Berlin gleichzeitig mit der Truppe ihres italienischen Kollegen
Virgilio Talli auftritt, schickt sie ihm einen Hilferuf:

Duse:

"Ich bitte Sie – als gute Kollegin, die weder blind ist noch allzu beschei-
den, noch auch schwach, noch ihrer eigenen Kräfte unbewußt oder zu sehr

*davon eingenommen – ich bitte Sie als gute Kollegin, gehen Sie, wenn Sie
können, heute abend in mein 'Rosmersholm'.*

*Ich habe niemals jemanden bei mir, der mich sieht und mit mir über Kunst
spricht – und ich möchte doch wissen, was (anderen) diese meine Rebekka
bedeutet, die mich durch ein ganzes Jahr begleitet hat! Die ich so habe verstehen wollen, wie man einen Menschen liebevoll versteht.*

Also, wenn Sie können, kommen Sie.

*Ich bin dieser Entourage so müde, die aus blinder Ergebenheit besteht – ich
sage blind, weil meine Umgebung weder die Gestalten meiner Kunst jemals
(auf meine Weise) zu schätzen vermag, noch jene Gestalten, mit denen ich
(ohne einen Schmerz) auch das alltägliche Leben gern würde teilen können.
Kurzum – die um mich leben, vermögen weder die Wirklichkeit noch den
Traum meines Lebens zu achten oder zu erkennen. Kommen Sie, wenn Sie
können – um mit einer Kollegin, die es verdient, ein kollegiales Wort zu
sprechen.“*

Erzähler:

Von Zweifeln an sich und ihrer Arbeit geplagt, spielt sie zwar weiter, aber
mit immer größeren Pausen zwischen den einzelnen Tourneen. Oft ist sie
verschwunden, ohne daß jemand ihren Aufenthaltsort kennt.

Duse:

Puah.

Erzähler:

Zu einer belebenden Begegnung gestalten sich die Gespräche mit dem bahn-
brechend legendären englischen Bühnenbildner Gordon Craig, dessen sym-
bolistische "Stilbühne" sie 1906 für *"Rosmersholm“* in Florenz verwendet
und dessen Mitarbeit sie sich für Hofmannsthals *"Elektra“* und Ibsens
"Frau vom Meer“ erbittet.

Als man Craig's Dekorationen in Nizza willkürlich zerschneidet und ver-
kleinert, um sie den dortigen Bühnenmaßen anzupassen, kommt es zu einer
Verstimmung und Trennung.

<u>Duse:</u>
*"Man hat mit seinen Dekorationen gemacht, was man ein Leben lang auch
mit meiner Kunst gemacht hat."*

<u>Erzähler:</u>
Jahre später hat der komplizierte und anspruchsvolle Gordon Craig seine
große Verehrung für die Schauspielerin und den Menschen Duse zum Ausdruck gebracht:

<u>Gordon Craig:</u>
*"Eleonora Duses Leben außerhalb der Bühne ist so groß, daß mir im Ver-
gleich dazu meine Kulissen wie Streichholzschachteln vorkommen."*

<u>Erzähler:</u>
Aber dann, nach einer besonders gelungenen Vorstellung von *"Rosmersholm"* in Berlin im Jahre 1909, gibt die 51jährige Duse unverhofft bekannt,
daß das ihre letzte Vorstellung gewesen sei: sie werde nie mehr eine Bühne
betreten.

<u>Duse:</u>
*"Ich bin müde; nicht der Kunst, aber des Theaters. Kulissen, Rampenlicht,
Kollegen, Direktoren, Sekretäre – das alles hängt mir zum Hals heraus.
Ich will frei sein, mich dieses ganzen Krams entledigen und die Ketten brechen, die mich sklavisch an die Bühne fesseln. Das ist kein Leben mehr, das
ist die Hölle auf Erden. Ich empfinde einen unüberwindlichen Ekel, wenn
ich all derer gedenke, die vor mir im theatralischen Elend geschmachtet ha-*

ben. Die meisten Künstler beiderlei Geschlechts, die ich während meiner
Laufbahn kennenlernte, sind Lumpen und Schurken.

Und das erkläre ich, die man die Königin der Bühne, die größte Künstlerin
des Jahrhunderts nennt?

Königin??

Welch ein Hohn!

Mein Reich ist ein Hotelzimmer ...

Das Schlimmste ist, daß ich dabei alt werde und daß das heilige Feuer in
mir erlischt.

Ich starre in das Nichts,

und was ich weiß und was ich kann, ist nichts!"

Erzähler:

Gewiß wird dieser Ekel vor dem Metier nicht der einzige Grund für ihren
rätselhaften Entschluß gewesen sein; gesundheitliche Schwächung und Al-
tern haben sicher gleichfalls mitgespielt. Aber von größter Bedeutung mag
die Einsicht in die menschliche Unzulänglichkeit angesichts der gestellten
Aufgabe gewesen sein.

Fast zehn Jahre später, im Sommer 1918, spricht sie in solchem Sinne mit
ihrer Freundin Olga Resnevic über den Beruf des Schauspielers und ihren
eigenen Abgang von der Bühne 1909:

Duse:

"Ich habe immer gearbeitet, von meinem vierten Jahr an, ohne Pause, und
mein ganzes Leben ist nichts gewesen als ein ständiges Debütieren zwi-
schen tausendfachen Mühen, Demütigungen und Kompromissen. Tage- und
monatelang mußte ich verhaßte Rollen spielen, um endlich zur Belohnung
einen Augenblick aufatmen zu können und dann von Neuem dem harten
Zwang zu unterliegen und mich dem Geschmack des Publikums zu beugen.
...

Die Klarheit verließ mich nie, und besser als alle andern wußte ich immer selbst, wie weit es mir gelungen war, den Geist des Dichters auszudrücken. Mein ganzes Leben ist ein Debüt gewesen: jedesmal, wenn ich dann nach dem erregenden Bühnendasein bei erloschenen Lichtern jene Hölle, jenes Paradies verließ, wenn mir am Ausgang das zerrissene Plakat hohnlachend entgegen starrte, sah ich ganz klar, was ich verwirklicht hatte und was mir noch fehlte. Täglich beendete ich die Vorstellung mit dem Gelübde: morgen, morgen wird es dir möglich sein, weiter vorzudringen und dich dem Geist des Dichters weiter zu nähern ...

Und eines Abends, als ich 'Rosmersholm' spielte, sprach ich die Worte "Der Geist der Rosmer veredelt die Seele, doch er zerstört das Glück", *und es wollte mir scheinen, als würde ich das nie wieder so wie dieses Mal sprechen.*

Ich habe zu niemandem darüber gesprochen, aber in mir selbst habe ich da dem Theater Lebewohl gesagt."

Erzähler:

Rainer Maria Rilke!

Rainer Maria Rilke:

"Daß von dem verzichtenden Gesichte keiner ihrer großen Schmerzen fiele, trägt sie langsam durch die Trauerspiele ihrer Züge schönen welken Strauß, wild gebunden und schon beinah lose;

Erzähler:

manchmal fällt, wie eine Tuberose, ein verlornes Lächeln müd heraus.

Rilke:

Und sie geht gelassen drüber hin,
müde, mit den schönen blinden Händen,
welche wissen, daß sie es nicht fänden, –

Erzähler:

Und sie sagt Erdichtetes, darin
Schicksal schwankt, gewolltes, irgendeines,
und sie gibt ihm ihrer Seele Sinn,
daß es ausbricht wie ein Ungemeines:

Rilke:

wie das Schreien eines Steines –

Erzähler:

und sie läßt, mit hochgehobnem Kinn,
alle diese Worte wieder fallen,
o h n e bleibend;

Rilke:

    denn nicht eins von allen
ist der wehen Wirklichkeit gemäß,
ihrem einzigen Eigentum,
das sie, wie ein fußloses Gefäß,
halten muß, hoch über ihren Ruhm
und den Gang der Abende hinaus."

Zweiter Teil

<u>Duse:</u>

"So lange es immer wieder in mir aufleuchtet wie ein Licht,
daß jeder Einzelne besser ist als sein Geschick
und mehr Liebe verdient, als das Leben ihm gewährt,
und zu mehr Liebe fähig ist, als er in seinem Leben bewies – ;
wenn täglich der Wunsch nach dem Guten,
der reine Drang, die Schönheit des Lebens zu verwirklichen,
immer stärker und stärker wiederkehrt –
und dieses Leben täglich reiner und besser erscheinen läßt – ;
so lange mein Herz noch eine Neigung verspürt zu verstehen und zu helfen;
so lange in mir eine Hoffnung lebendig ist –
wohin soll ich da fliehen?
Kann ich, wenn ich das Leben nach diesem meinem Wunsche gestalten
möchte, mehr tun,
als mich neu zu formen?"

<u>Erzähler:</u>

Mit solcher Absicht, sich neu zu formen, zieht sich Eleonora Duse nach ihrem Abgang von der Bühne 1910 in die innere und äußere Klausur der Selbstbeobachtung und Selbsterkenntnis, der Weiterentwicklung und Reifung, einer tätigen, hilfsbereiten Nächstenliebe zurück.

Von Kollegen und sonstigen Theaterleuten wahrt sie weiten Abstand,

aus ihrem Haus in Florenz entfernt sie alle Bücher und Bilder, die an Theater erinnern.

Ein abseits gelegenes Zimmer bleibt für sie persönlich reserviert,

nicht einmal die besten Freunde dürfen es betreten.

<u>Duse:</u>

"Man muß sich sammeln, man muß sich allein sammeln können, ohne ge-
stört zu werden. "

Erzähler:
Hier versenkt sie sich in Lektüre und Meditationen,
hier kämpft sie gegen Depressionen an ...

Duse:
" ... die Verzweiflung der Untätigkeit. "

Erzähler:
Zwar mangelt es nicht an Versuchen, sie für das Theater zurückzugewinnen.
Ein Agent in Bologna, das *Teatro Argentina* in Rom, zwei Jahre lang kein
Geringerer als Rainer Maria Rilke und schließlich die befreundete Diseuse
Yvette Guilbert: sie alle versuchen es – und alle vergeblich.
Yvette glaubt, daß nur das Theater und der Glaube an seine Mission die Du-
se überhaupt am Leben erhalten können, und schlägt vor, in einem bestimm-
ten Turnus mit ihr gemeinsam aufzutreten.
Eleonora zögert:

Duse:
"Was soll ich tun?
Ich sterbe, ich sterbe hier, aber nicht schnell genug, das ist es.
Ich weiß sehr wohl, alles ist mein Fehler und niemandes Fehler sonst ...
aber hier sterbe ich, ich sterbe,
ich fühle etwas von dem, wie es nach dem Tod sein muß.
Ich liebe nichts mehr,
und – schrecklich, es zu sagen – ich merke manchmal, daß ich keinen Men-
schen mehr liebe –

und endlich dies: der Wunsch zu fliehen ...

Vielleicht werde ich nie wieder gesund und nie mehr arbeiten können.

Mit Dir zusammen freilich könnte ich das Vertrauen vielleicht wiederfinden.

Aber ich, verreisen, weit fort, und ganz allein, und wieder an die Bühne gekettet sein: nein! Das könnte ich nicht mehr.

Mit Dir hingegen wird meine Kraft vielleicht von Neuem erwachen. Gemeinsame Reise, ein gemeinsames Ziel und zweierlei Mittel der Kunst. Drei Abende der Woche: Du. Drei Abende der Woche: ich.

Und das fern von hier.

Nordamerika hat Universitätsstädte, in denen der Gedanke und die Erforschung von Gedanken noch Wert haben ...

Aber gib acht, wir wollen keinerlei Verpflichtung eingehen mit der Kanaille Theater. "

Erzähler:

Aber wenige Tage später revidiert sie diesen Plan.

Duse:

"Eine gesunde Arbeit verlangt gesunden Geist und ein gesundes Herz. Ich habe Dir nichts zu bieten. Alles verliert sich in einer ungreifbaren kleinen Bangigkeit des Herzens, die nichts mehr weiß, nichts mehr findet, und ich habe Angst vor der Menge und der beleuchteten Rampe! ...

Ich habe auch kein 'Werk', das ich genug liebe, um anders zu denken, und vielleicht ist das 'Nicht-mehr sprechen' noch etwas Edles ...

letzten Endes: alles ist nichts – ohne Kraft ... "

Erzähler:

So scheut sie sich zwar vor einem *come back* auf der Bühne, aber ihr reger Geist, der sich vor Stagnation fürchtet, …

113

Duse:

"Wer wartet, stirbt."

Erzähler:

… ihr reger Geist arbeitet trotzdem noch für das Theater. In Kenntnis der miserablen Lebens- und Arbeitsbedingungen der Schauspieler beschließt sie, eine Art Heim oder Zentrum für Theaterleute zu gründen. Sie mietet eine Villa in Rom, richtet sie ein, stiftet ihr eine eigene Bibliothek und setzt zehntausend Lire für die ersten Unkosten aus.

Dann bringt sie ein programmatisches Manifest zu Papier:

Duse:

"Ich will die Schatten verscheuchen, die über den Stirnen unserer Schauspieler und Schauspielerinnen liegen. Wir besitzen wunderbare und häufig unerkannte Energien, aber es fehlt das Mittel, sie mit einem Leben jenseits der Theaterkonventionen in Berührung zu bringen. Es ist schmerzlich, dieses Vagabundenleben, diese Zerrüttung, diese Vergeudung der Kräfte mitanzusehen. Unsere jungen Darsteller müssen aus einem geschlossenen Kreise hervorgehen, der sie fest zusammenhält, und aus ihm in den größeren Kreis des modernen intellektuellen Lebens treten.

Ich beabsichtige, Schritt für Schritt vorzugehen. Ich werde alle meine Kräfte aufbieten, und ein großer Glaube ist in mir lebendig und die unbesiegbare Gewißheit, daß es mir gelingen wird, der Geldschwierigkeiten Herr zu werden und eine Gruppe energischer und mutiger Gleichgesinnter um mich zu versammeln.

Zunächst muß ich das verwirklichen, was ich 'das kleinere Programm' nenne, nämlich den Aufbau einer Bibliothek … , die alle für die künstlerische Erziehung der Theaterleute wichtigen Bücher enthalten soll.

Ferner soll diese Bibliothek in ständiger Verbindung mit der Theaterarbeit in der Provinz stehen, um Informationen, Zeitungen und Abbildungen be-

114

reit zu halten. Meine Erfahrung lehrt mich, daß die Einrichtung eines solchen Kulturzentrums, an das sich unsere Künstler um alles wenden können, was sie für ihre tägliche Arbeit benötigen, der dramatischen Kunst von großem Nutzen sein kann.

Diese Bibliothek oder dieser intellektuelle Zirkel, von dem ich träume, darf aber kein geschlossener Kreis von Theaterleuten sein, denn dann verfielen wir wieder in die gegenwärtigen Zustände. Es soll dort Lesesäle und Konversationsräume geben, in denen sich die führenden geistigen Köpfe Roms treffen. Denn ich erstrebe und wünsche, daß die Bühnenkünstler engen Kontakt zu anderen kultivierten Menschen finden und daß Kongresse mit Vorlesungen und musikalischen Darbietungen abwechseln, um die Ausbildung der Schauspieler zu vervollständigen.

Die Arbeiter haben bereits solch ein Haus. Warum sollten unsere Künstler, die so oft beruflich gezwungen sind, sich an erbärmlichen Orten aufzuhalten, keines besitzen? Auch ihnen sei die Wohltat eines Hauses gegönnt, in dem ihnen ein würdigeres Leben ermöglicht wird."

Erzähler:

Im Mai 1914 wird die sogenante *Bibliothek der Schauspielerinnen* mit Gesellschafts- und Aufenthaltsräumen endlich eingeweiht und zunächst bewundert, dann diskutiert, kritisiert und schließlich befehdet – vor allem seitens der Schauspieler. Aus Mangel an finanziellen Mitteln sowie an innerer Lebensfähigkeit bricht diese Institution, ihrer eigenen Zeit weit voraus, zusammen.

Da bricht der *Erste Weltkrieg* aus.

Yvette Guilbert schlägt der Duse vor, in Amerika gemeinsam eine Schauspiel- und Rezitationsschule aufzubauen. Aber die Duse lehnt ab:

Duse:

"Wissen Sie, wie ich meinen Unterricht eröffnen würde? Ich würde meinen Schülern sagen: Kommt nicht!

115

Kunst, dessen bin ich sicher, kann man genau so wenig lernen wie die Liebe. "

Sie bleibt also in Italien und sucht nach neuen Wegen, ihr Leben in den Dienst der Gesellschaft zu stellen. Alle Zeit, Kraft, Fantasie und Geldmittel wendet sie für caritative Zwecke auf. Mit großem psychischen und materiellen Einsatz

widmet sie sich zumal den Frauen, die Mann oder Sohn im Krieg verloren haben,

hilft sie Soldaten an der Front oder im Urlaub,

rettet sie einen Deserteur vor der Bestrafung.

"Mehr noch als allen andern Bedürftigen gilt meine Sorge den Verlassensten von allen: den unehelichen Müttern."

Dabei fürchtet sie die latente Gefahr der Selbstgefälligkeit, wie sie caritativen Aktionen leicht anhaftet, und müht sich ängstlich um Anonymität.

"Wohltätigkeit ist von Frauen erfunden, die nichts zu tun haben. Widerwärtiger kann man seine Selbstsucht nicht zur Schau stellen."

Rückwirkend sieht sie auch ihre schauspielerische Karriere unter sozialen Aspekten:

Duse:

"Ich bin dankbar, wohlmeinende Gedanken verströmt zu haben. Ich bin dankbar, gegeben zu haben.

Wenn einer von uns das einmal ganz schaffen könnte – mein Gott, welch eine Veränderung des Lebens gäbe es dann! Eine Veränderung wie vom Tage zur Nacht ... "

Erzähler:

Von solchen Gedanken beherrscht, entschließt sie sich plötzlich, wieder aufzutreten –

und zwar im Rahmen des Fronttheaters, das die italienische Regierung für ihre kämpfende Truppe geschaffen hat.

Die Duse begibt sich an die Front.

Dort weigert sie sich aber sofort, Theater zu spielen:

Duse:

"Was hätten wir Komödianten dort bieten können –

dort, wo die wirkliche menschliche Tragödie gelebt wird? Der Soldat hat die Schauspieler, die ihn unterhalten kamen, mit Verachtung gestraft.

Auf uns Schauspielern liegt ja der Fluch, außerhalb des Lebens zu stehen. Wir kennen die Menschen nur, wie wir sie auf der Bühne darstellen, und spielen, während die andern leben. Daher gibt es zwischen uns und dem Publikum keine wirkliche Gemeinschaft, und es werden gewaltige Dummheiten begangen.

Das sogenannte Fronttheater war eine der gröbsten. "

Erzähler:

Sie bleibt jedoch im Kriegsgebiet. Sie hilft bei der Pflege von Verwundeten. Sie opfert sich auf. Sie steht Sterbenden bei.

Duse:

"Vor ein paar Jahren habe ich mir sehr gewünscht zu sterben. Jetzt, wo die Welt ein Blutbad ist, bin ich darauf versessen zu leben ...
um das Warum der Dinge zu erkennen ...
Solch ein Wahnsinn! Was für ein Leben!"

Erzähler:

Mit einer Malaria-Infektion kehrt sie von der Front zurück, um mit einer Fülle von Briefen an Frontsoldaten Mut zu machen, Kraft zu geben und patriotische Liebe zu Italien zu wecken:

Duse:

"Wenn wir nur vorher daran gedacht hätten, unsere Soldaten gut zu unterrichten! Aber wir haben sie völlig allein gelassen, zwischen Leben und Tod, ohne daß sie von den Wahrheiten wußten, die das Leben ausmachen. Sagen Sie Ihren Kameraden, wie schön es ist, ein Land wie Italien zu besitzen."

Erzähler:

Und nach dem Besuch eines Films von Vincenzo Morello schreibt sie 1916 dem jungen Drehbuchautor Riccardo Artuffo:

Duse:

"Wenn man Italien endlich einmal sieht, auf der Leinwand eines Filmes sieht –
was für ein Land, was für ein Zauber!
Wenn wir doch jeden Winkel dieses Landes wirklich zu lieben verstünden ... (und gute Filme daraus machten)! Sie werden sagen, ich sei krank an Idealismus, aber wenn man das nicht ist, bringt man in der Kunst nichts zuwege."

Erzähler:

In der Tat interessiert sich die Duse schon seit Jahren für das neue Ausdrucksmittel *Film*. Schon seit 1912 ist sie eifrige Kinobesucherin, die sich freilich drittklassige Vorstadtkinos aussucht, wo sie nicht erkannt wird und ungestört das neue Metier studieren kann.

So kommt es, daß sie nach langem Zögern das Angebot der italienischen Filmgesellschaft *Ambrosio*, damals einer der bedeutendsten der Welt, wahrhaftig in Erwägung zieht: eine Filmrolle zu spielen.

Duse:

"Heute wird zwar noch nicht der Vertrag unterschrieben, aber die sichere Zusage gegeben.

Und schon sitzt mir auch seit heute Morgen wieder die alte Angst im Herzen. Warum wieder kämpfen? In die Welt zurückkehren, wo ich so viel gekämpft habe, daß mich allein das Wort Kunst *bereits verstimmt!"*

Erzähler:

Schon die Wahl von Stoff und Thema führt zu großen Meinungsverschiedenheiten zwischen ihr und dem Produzenten. Arturo Ambrosio will sie inmitten sämtlicher italienischer Stars jener Tage zur Hauptfigur eines Riesenfilms machen.

Das lehnt sie ab. Sie sieht im Film die Möglichkeit, genauer als auf der Bühne psychische Wirklichkeit wiederzugeben, also einen potenzierten Wahrhaftigkeitsgrad zu erreichen und weniger Ereignisse zu zeigen, als vielmehr die psychisch-atmosphärische Reaktion auf Ereignisse.

Sie will Dichtungen von Rimbaud und Baudelaire verfilmen, schreibt selbst ein Exposé nach einer Novelle von Selma Lagerlöf und setzt sich energisch für das neue Ausdrucksmittel ein, das die Filmleute noch gar nicht zu nutzen wissen.

Duse:

119

"Das alles ist ein ganz neues Feld, und meiner Meinung nach besteht der grundlegende Irrtum darin, daß wir alten Wein in neue Schläuche gießen. Die meisten sind vom Theater verdorben und an die Hilfestellung des Wortes gewöhnt. Der Film bedarf ganz anderer Mittel und bietet Möglichkeiten, die das Theater uns nicht zu geben vermag.

Ein weiterer Irrtum scheint mir der zu sein, Werke, die für das Theater gedacht sind, für den Film zurecht zu stutzen. Es sind zwei verschiedene Sprachen. Man kann sie nicht durcheinander radebrechen. Das ist das Übel von uns Europäern: dieses Durcheinander.

Unaufhörlich werden Traditionen zerstört und werden Hohlräume geschaffen. Ich fürchte diese Hohlräume. Darum liebte ich eine Zeitlang die Orientalen, denn sie haben den richtigen Sinn für Tradition und den unaufhörlichen Fluß der Form.

Ich bedaure, daß ich nicht mehr jung genug bin, ich würde mich mit all meiner Kraft auf diesen neuen Weg stürzen, und ich bin sicher, ich würde etwas finden.

Sicher werden jetzt andere etwas entdecken, und es schmerzt mich nur, daß ich vielleicht nicht einmal mehr das Wahrwerden dieser meiner Gewißheit erlebe. Der Film wird eine ungeheure Bedeutung gewinnen, denn er vermag zum Herzen des zivilisierten Menschen ebenso wie des Wilden zu sprechen; seine anschauliche Ausdrucksform reißt die Schranke der Sprachen nieder."

Erzähler:

Schließlich einigt man sich darauf, den Roman *"Cenere"* (oder *"Asche"*) von Grazia Deledda zu verfilmen. Er sagt der Duse zu, weil hier eine einfache menschliche Geschichte die Chance hat, Zuschauer aller Schichten und aller Länder zu erreichen.

Duse:

"Ich zähle die Tage, um an die Arbeit zurückzukehren. Aufrichtigkeit, Klarheit, Kürze, und die Arbeit wird gut gelingen. Täglich gewinne ich neue Kräfte."

Erzähler:

Sie selbst schreibt nach der Romanvorlage das Exposé für den Film. Dann arbeitet sie am Drehbuch mit. Endlich beginnen die Proben und Aufnahmen zu ihrer Rosalia Derios: unter der Regie von Febo Mari aus Sizilien.

Schon nach dem ersten Drehtag schreibt sie ihm:

Duse:

"Die erste Probe gestern hat mich ganz verwirrt – in dieser schönen Landschaft ... Ich kam mir zu fertig vor, zu vorbereitet – vielleicht als Frucht der Einsamkeit.

Aber – ich hatte mich immer im Schatten gesehen – in der Ferne – fern, fern, wie wenn man als Kind die Augen schließt – um eine Märchenwelt wiederzufinden!

Seit drei Monaten bin ich jeden Nachmittag ins Kino gegangen und habe, im Dunkeln versteckt, ich weiß nicht wieviele Filme gesehen ... Die auf Kürze und auf den Augenblick angelegten, die unausgeführten, ich möchte fast sagen die blitzartigen schienen mir jener Wirklichkeit zu entsprechen, die ich anzustreben wage.

Aber gestern, in der Sonne stehend, sah ich den Weg, der zu gehen ist, nicht mehr.

Die Technik ist ein großes Mysterium.

Helfen Sie mir – Sie können es. Stellen Sie mich in den Schatten. Stellen Sie mich in den Schatten, ich bitte Sie darum! Ein Film in voller Sonne kann mir nicht gelingen, das weiß ich genau. Jawohl, die Vordergründigkeit macht mir Angst. Da möchte ich mich lieber in meine Einsamkeit zurückziehen. –

Ich habe einige Filme von Griffith gesehen – ich sah gewisse Halbschatten,
gewisse Unschärfen, die mein Fall wären ... Stellen Sie mich in den Schat-
ten – lassen Sie mich unscharf, im Vorübergehen erscheinen. Sie, der Sie
sehen und wissen, werden einen Weg finden, auf dem meine Seele, wenn
auch nur für einen Augenblick, den Flug und die Freiheit wiederfindet, die
ihr eigen waren!"

Erzähler:
Die Arbeit geht weiter.

Duse:
Puah.

Erzähler:
Täglich kämpft sie gegen vergröbernde Vordergründigkeit und Direktheit
an. Als Gegengewicht zur Filmatmosphäre läßt sie während der Dreharbei-
ten Cellomusik von Debussy spielen.
Als der Film 1917 fertig ist, gefällt ihr sein Verismus nicht allzu sehr:

Duse:
"Dieser Film von mir ist bestimmt nur ein Entwurf, aber vielleicht liegt er
doch auf einer anderen Ebene als andere dieser Art ...
Was mich am meisten dabei ängstigte, war, daß die Herren von der 'Ambro-
sia' eine Reproduktion des Lebens verlangten, während ich in der Kunst im-
mer eine Umsetzung des Lebens versuche ...
Vielleicht ist diese Umsetzung von Leben in Kunst in diesem Film doch
sichtbar."

Erzähler:

Aus allen Teilen der Welt werden ihr nun Filmrollen angeboten, unter anderem auch vom Filmregisseur David Griffith, den sie sehr verehrt.

Sie nimmt mit mehreren Produzenten Verhandlungen auf.

Duse:

"Ich bin begeistert von dieser neuen Kunstart. Das ist vielleicht ein Ausdrucksmittel der anders gewordenen Zeit.

Nur dürfen weder der Film noch seine Darsteller mehr was mit dem Theater zu tun haben. Ich wittere darin große Möglichkeiten des mimischen Ausdrucks; ich dachte zum Beispiel daran, wie ein versteckter Händedruck, der für ein Schicksal entscheidender sein kann als die üblichen großen Szenen, auf dem Theater unbemerkt bleibt, während der Film ihm seine ganze Bedeutung gibt.

Wenn ich zwanzig Jahre jünger wäre, würde ich hier ganz neu anfangen, und ich bin sicher, daß ich vielleicht zu sowas wie einer vollkommen neuen Kunst gelangen könnte. Freilich müßte ich dazu alle Mittel von Grund auf neu erschaffen, müßte das Theater völlig vergessen können und mich eben in der noch ungeschaffenen Kunstsprache des Films ausdrücken lernen.

Wie fast alle andern habe auch ich den Fehler begangen, trotz meines ganzen Bemühens noch immer Theater zu spielen.

Es dürfte aber was ganz Anderes kommen, eine neue eindringlichste Art von Poesie, ein neuer Ausdruck der menschlichen Seele."

Erzähler:

Die Verhandlungen mit den Filmfirmen dauern nicht lange. Nach den ersten Kontakten mit den Bossen dieser neuen Industrie bricht sie die Gespräche ab. Wenn sie früher die Theaterprinzipale als *"Canaillen"* und die Impresarios als *"Sklavenhalter"* bezeichnete, so nennt sie die Filmgewaltigen nunmehr *"Monster"*: mit denen sie nichts gemein haben will.

Duse:

"Ich bin frei aus allem hervorgegangen, jegliche Verhandlung ist abgebrochen. Ich sitze in einem Bienenschwarm, der hierhin und dorthin schwirrt, und störe die Manöver, die ich um mich herum bemerke, mit der einfachen Methode: ich sage ihnen die Wahrheit."

Erzähler:
Puah.

Duse:
"Denn die Kunst gehört mir und nicht denen."

Erzähler:
Sie entwickelt selbständig eine Reihe von Filmprojekten, die sich aber sämtlich nicht mit den Vorstellungen der Produzenten vereinbaren lassen.
Sie kehrt in die Einsamkeit ihrer Untätigkeit zurück, unter der sie nun doppelt leidet:

Duse:
"Ich stehe wie im Zugwind:
wenn ich mich entschließe zu arbeiten, zittere ich –
und wenn ich mich entschließe, nicht zu arbeiten, erstarre ich tödlich."

Erzähler:
Das Ende des *Ersten Weltkriegs* beschert ihr den Verlust ihres gesamten Vermögens, das sie bei einem befreundeten Bankier in Berlin deponiert hatte. Zwar soll ihr eine Erbschaft zufallen, die ihr nach dem Tode ihres geschiedenen Mannes zusteht, aber dieses Geld schlägt sie aus.

Duse:

"Wie könnte ich die Hinterlassenschaft eines Mannes akzeptieren, von dem ich ein ganzes Leben lang getrennt war?"

Erzähler:

So ist sie also gezwungen, wieder Geld zu verdienen.

Duse:

"Aber es ist nicht nur des Brotes wegen, daß ich zurückkehre. Alle Qualen bedeuten nichts, wenn man nur nicht tot ist, schon bevor man stirbt."

Erzähler:

Nach einer Pause von ganzen zwölf Jahren
steht sie am 5. Mai 1921 als 62jährige wieder auf der Bühne. In Turin spielt sie Ibsens *"Frau vom Meer": "La donna del mare".*

Duse:

"Ich war gegangen und wollte nicht mehr wiederkehren. In Florenz und Venedig, vor allem aber in meinem Garten in Asolo wollte ich ruhig meine Tage beschließen.
Das alles hat der Krieg zerstört.
Ich habe den Kanonendonner aus nächster Nähe gehört; Verwüstung und Elend haben mich aufgerüttelt.
Ich will da sein, wo man handelt, und nicht länger im Exil.
Ich möchte die Seelen wieder lehren, was Friede ist. Und was Größe ist.
Das ist der Grund, warum ich wieder auftrete."

Erzähler:

Unmittelbar vor dem *come back* hat sie in Zeitungen folgenden Wortlaut abdrucken lassen:

Duse:

"Ich werde mit meinem alten, müden und faltenreichen Gesicht und meinen weißen Haaren vor den Zuschauern erscheinen, und ich werde versuchen, ihnen mein Herz zu geben. Wenn sie mich so wollen, wird es mich glücklich und stolz machen. Wenn nicht, werde ich in das Schweigen zurückgehen. Aber nur keine Vortäuschung, keine Neulackierung, keine Lüge ...
Nur in seiner Wahrheit hat das Leben Wert für mich
und in der Arbeit um der Wahrheit willen."

Erzähler:

Die Wiederkehr wird ein Triumph.

Das Publikum erhebt sich zu einem Begrüßungsorkan, der die Duse fast überwältigt.

Nach der Vorstellung wird sie mit Blumen überhäuft, beim Verlassen des Theaters spannen ihr junge Leute die Pferde aus und ziehen ihren Wagen zum Hotel, von dessen Balkon aus sie sich noch dem Applaus ihres Publikums, aus ganz Italien zusammengeströmt, immer wieder stellen muß. Die Blumen läßt sie in den Kirchen Turins verteilen.

Dann geht sie mit mühsam zusammengestellter Truppe wieder auf Tournee durch Italien, spielt in Milano, Genua, Rom, Neapel, Palermo, Triest und nimmt auch *"Die tote Stadt"* von Gabriele d'Annunzio wieder in ihr Repertoire auf.

Anfang 1922 trifft sie sich in Milano mit d'Annunzio, der inzwischen eine militärische und politische Karriere im Vorfeld Mussolinis gemacht hat und im Kriege Kommandant der Festung Fiume gewesen war.

Die Duse hat sich jetzt mit ihm verabredet, um ihm Striche und Änderungen im Text der *"Toten Stadt"* vorzuschlagen. *"Wie haben Sie mich geliebt!"* ruft er aus, als sie ihm beim Abschied die Hand reicht.

Duse:

"Und ich dachte in meinem Inneren, da hat einer eine Illusion zu viel. Hätte ich ihn so geliebt, wie er glaubt, hätte ich sterben müssen, als wir uns trennten. Ich aber habe weiterleben können ... "

Erzähler:

Aber d'Annunzio und ihr übriges altes Repertoire zu spielen, genügt ihr nicht mehr. Die eigene Reife sowie der allgemeine geistig-politische Aufbruch nach dem Kriege lassen sie nach neuen Formen und Mitteln suchen, denen sie die alten, verbrauchten Wege radikal zu opfern verlangt.

Duse:

"Um das Theater zu retten, muß man es zerstören. Bomben hinein! Kein Stein darf auf dem andern bleiben! Und dann alles neu machen! Jawohl, erst niederbrennen und dann neu aufbauen!"

Erzähler:

Und die Schauspieler?

Duse:

"Die Schauspieler und Schauspielerinnen muß man austilgen. Sie machen die Kunst unmöglich."

Erzähler:

Und die Schriftsteller?

Duse:

"Müssen selbst hervortreten, ihre Stücke aller Welt verständlich machen und sie verteidigen. Wir brauchen die Tat! Das Handeln! Das Wirken!

Die Bühne ist ein Werkzeug, wie es nur wenige gibt."

Erzähler:
Und Sie selbst?

Duse:
"Was der Kunst not tut, ist nicht der einzelne Interpret, sondern ein künstlerisches Theater, und es gibt, in Italien, kein solches Theater."

Erzähler:
Wie aber soll dieses neue Theater beschaffen sein?

Duse:
"Ganz klein, mit gekalkten Wänden und ganz einfacher Bühne. Kein Zierat und so gut wie gar keine Dekoration. Wenn es sein muß, unter der Erde.
Aber da will ich wirklich einmal 'Werke' herausbringen!
Die Jugend rufe ich auf, natürlich zuerst meine Landsleute, aber dann auch die andern. Arbeiter und Studenten. Jetzt, wo ihr aufgehört habt, Schlachten zu schlagen, beginne ich."

Erzähler:
Immer wieder puah.

Duse:
"Ich beginne für euch Jungen, die ihr das große Blutbad heldenhaft überstanden habt, ich habe viel Vertrauen in euch, in die neue Generation ...
Hier bin ich, ein wenig verbraucht, ganz weiß und sehr alt ... Wollt ihr mich trotzdem?"

128

Erzähler:

Was aber soll in diesem erträumten "Theater der Jugend" gespielt werden? Zeitgenössische italienische Autoren neuen Geistes, ferner die Iren Synge und Yeats, dann Claudel. *"Sie glaubte"*, berichtet der französische Freund und Schriftsteller Edouard Schneider ...

Edouard Schneider:

" ... sie glaubte, allenthalben einen religiösen Hauch zu spüren, der über die Welt dahinfahre und Tausende von Herzen zu geistiger Mündigkeit erwecken würde ... Bis in den Bolschewismus hinein empfand sie das Beben der Befreiung von alten Übeln."

Duse:

"O die Russen! Welch wunderbare Kraft steckt in dieser Masse. Dort, in Rußland, wird die Wahrheit von morgen geschmiedet ... "

Edouard Schneider:

"Sie glaubte von ganzer Seele an die russische Revolution."

Erzähler:

Aber zugleich entwickelte sie eine Neigung zum geistlich-katholischen Drama und einer zunehmenden Religiosität.

Duse:

"All das strömt in eins zusammen."

Erzähler:

Wie ein Rausch ist die Begier nach einer allgemeinen Erneuerung und Verbesserung über sie gekommen, die sie nun aufgreift, wo sie sie irgend fin-

129

det. Dabei ist ihr das Christentum, obwohl sie ihm skeptisch gegenüber steht, sicher sehr viel näher, auch vertrauter als der emotional gepriesene Marxismus sowjetischer Prägung.

Der französische Kritiker Robert de Flers hat im *"Figaro"* berichtet, was die Duse ihm 1922 sagt:

Duse:

"Sehen Sie, ich möchte, bevor ich auf immer fortgehe, mich durch meine Kunst und für meine Kunst bis zu den größten Fernen emporheben, zu den heiligen Themen – bis zum Leben des Mysteriums. Das Theater ist aus der Kirche hervorgegangen. Ich möchte doch ein wenig, daß es einmal mit mir wieder in sie zurückkäme."

Erzähler:

Dabei steht ihr freilich alles Konfessionelle eher fern. *"Sie liebte"*, berichtet Gertrud Bäumer in ihrem Duse-Buch …

Gertrud Bäumer:

" … sie liebte die kleinen Kirchen, in denen die naive Frömmigkeit des Volkes am reinsten fühlbar war.

Aber ihre Religiosität war zugleich sehr frei. Es war ihr natürlich, in die Kirchen zu gehen, wenn sie leer waren, doch hatte sie eine tiefe Abneigung gegen die Institution, gegen die Doktrin, gegen den Priester.

Sie haßte alles Herrschen in dieser Sphäre, alle menschliche Anmaßung, alle dogmatische Härte und Enge."

Duse:

"So lange das Gefühl allein in Betracht kommt, bin ich gewonnen – … sobald die Dogmatik der Lehre und die rein ekklesiastische Seite erscheinen, werde ich rebellisch. Den Kirchenglauben habe ich nicht.

Und die Kirche wird unsere modernen Gedanken in sich aufnehmen müssen oder in einer Welt von Zweifel und Unglauben zugrunde gehen."

Erzähler:

Diese halb mystische, halb politische Euphorie eines Neubeginns hält nicht lange an. Als sie in Rom das christlich fromme Stück *"So sei es"*, *"Così sia"*, des jungen Dramatikers Tommaso Gallarati Scotti zur Uraufführung bringt, wird im Zuschauerraum laut gepfiffen: weil sie auf der Bühne ein Gebet spricht.

Sie spielt weiter, aber nach der Vorstellung sagt sie:

Duse:

"Schlachten werden gewonnen oder verloren. Dies hier ist eine verlorene Schlacht."

Erzähler:

Ibsens *"Gespenster"* sind dann bald darauf zwar wieder eine gewonnene Schlacht, aber für Wiederholungen dieses Erfolges findet sie kein Theater. Alle sind besetzt oder verschließen sich ihr.

Zudem läßt ihre Körperkraft nach. Immer häufiger ist sie krank. In Verona holt sie sich während der Vorstellung in einem ungeheizten Theater eine Lungenentzündung und kann mehrere Wochen nicht spielen. Da sie ihren Schauspielern auch für ausgefallene Vorstellungen und spielfreie Tage stets ihre Gage zu zahlen pflegt, ist sie bald auch am Ende ihrer finanziellen Kräfte.

Ihr Geschäftsführer nimmt sich das Leben.

Duse:

"Er hat sehr unrecht getan."

131

Erzähler:

Milano, Turin, Triest. Dann, im Januar 1923, für drei Vorstellungen nach Neapel. Dort erkrankt sie wieder schwer.

Duse:

"Am 22. Januar habe ich mich zu Bett gelegt mit Fieber und einer Grippe, die nicht weichen wollte.

Ich bin zwar wieder auf, aber unfähig zur Arbeit, ganz starr vor Angst.

Mit Amerika ist es aus.

Mit Madrid auch.

Und dabei die Sorge um die Truppe: 1060 Franken täglich! Jetzt habe ich über 200 000 Franken Verlust; und weil ich nicht so viel besaß, mußte ich eben Schulden machen – das heißt, ich mußte meine Arbeit, mich selbst verpfänden.

In Milano habe ich nur zwei Vorstellungen geben können. In ganz Milano gab es keine Bühne für mich! Die dortigen Theater haben sich zu einem Trust zusammengetan – und ich habe das nicht einmal gewußt!

Was soll ich machen?

Von all dem bin ich krank geworden.

Ich sage Ihnen, die Menschen haben mich krank gemacht – ja – die Menschen.

Und keine Seele hat sich gefunden, die mir geholfen hätte.

An Mussolini habe ich geschrieben, und er hat nichts für mich getan – – doch ja – – besucht hat er mich, und das ist durch die Zeitungen gegangen ... Er hat mir gesagt:

Mussolini:

'Frau Duse, es gibt nichts, was ich für Sie nicht täte!'

Duse:

*'Dann übernehmen Sie die finanziellen Verpflichtungen meiner Truppe;
mich richten sie zugrunde. Für mich selbst will ich gar nichts, nur für die
Schauspieler.'*

Und darauf hat er nichts getan.

Der Kommandant von Fiume –

Erzähler:

Gabriele d'Annunzio.

Duse:

*– hat einen sehr schönen Brief für mich in den Zeitungen veröffentlicht. Er
erklärte, ich hätte viel für mein Vaterland getan, und jetzt wäre es an Italien, etwas für mich zu tun.*

*Sehr schön war der Brief – ergreifend schön – aber das war auch alles! Er
hat nichts getan!*

Was soll ich machen?

Was soll ich machen?"

Erzähler:

Oft kann sie vor Atemnot nicht schlafen, nicht liegen, nicht sprechen: sie
inhaliert Teerdämpfe. Dann wieder zwingt sie sich zu spielen. Trotzdem
steht der Konkurs täglich vor der Tür. Sie beginnt, ehemalige Verehrer ihrer
Kunst um Geld zu bitten. Manchmal sogar mit Erfolg.

Duse:

*"Hilfe ist mir durch eine Engländerin zuteil geworden, die ich gar nicht
kannte. In einer meiner Dezembervorstellungen in Milano hatte sie mich
spielen sehen. Wir wohnten im selben Hotel. Sie wußte von meiner unseli-
gen Krankheit, und sie besuchte mich. Sie fragte, was ich zu tun gedenke.*

'Was ich tun will, mein Fräulein? Ich warte auf den Tod.'

Sie fuhr nach England und ging dort zu reichen Leuten. Schnell war sie wieder bei mir und brachte mir 100 000 Franken und den festen Vertrag für sechs Vorstellungen in London."

Erzähler:

Im Juni 1923 spielt sie also im *New Oxford Theatre* in London. Der Erfolg ist überwältigend groß.

Sie trifft hier zum Letzten Mal ihre Tochter Enrichetta, die in Cambridge mit Edward Bullough verheiratet ist, einem Professor für Philosophie und Psychologie. Sie trifft auch deren Kinder: ihre elf- und dreizehnjährigen Enkel.

Zurück auf dem Kontinent, spielt die Duse noch einige letzte Vorstellungen in Frankreich und in der Schweiz, dann noch dreimal in Wien, wo ein verarmtes Nachkriegspublikum ihr huldigt und sie feiert.

Dann bricht sie zu einer Tournee nach Amerika auf. Bei der Ankunft in *New York* wird sie mit königlichen Ehren empfangen. Der Verkehr wird für sie angehalten und ihr Auto von berittener Polizei eskortiert. Als erster Frau widmet *"Time Magazine"* ihr seine Titelgeschichte.

In der ausverkauften *Metropolitan Opera* spielt sie Ibsens *"Frau vom Meer"* und erzielt eine Einnahme von 30 000 Dollar: die größte Summe, die seit Bestehen des *US*-amerikanischen Theaters von einer einzelnen Vorstellung jemals eingespielt wurde; aber vertragsgemäß fließen hiervon der Duse persönlich nur 6 000 Lire zu.

Alexander Woollcott, ein junger Kritiker, der die Duse noch nie gesehen hatte, berichtete dies von ihr:

Alexander Woollcott:

"Was hat sich gestern im Theater ereignet? Die Romanze vom Kampf zweier Männer um den Besitz einer verführerischen, geheimnisvollen Frau.

Und in dieser Aufführung gestern abend wurde diese umworbene Ellida von einer zerbrechlichen, weißhaarigen alten Frau gespielt, die es nicht für nötig befunden hatte, durch Schminke oder andere künstliche Mittel die Zeichen von Kummer, Leid und Jahren in ihrem Gesicht zu verdecken.

Und doch gehört diese Darstellung der Ellida Wangel zu einem der wenigen wirklich schönen Dinge, die wir je gesehen haben. Jemand, der bis weit in das 20. Jahrhundert hinein hat warten müssen, um die zu sehen, die die Welt die größte Schauspielerin des 19. Jahrhunderts nannte, verließ die Metropolitan mit dem Gefühl, noch nie ein menschliches Wesen von so leuchtender und durchsichtiger Schönheit gesehen zu haben.

Um noch weiter zu gehen: ich möchte bezweifeln, daß diese Schönheit in den längst vergangenen Tagen, als Eleonora Duse die Julia in Verona spielte, reiner oder leuchtender war. – Denn hier ist eine Schönheit der Linie, der Bewegung und des Geistes, welche die Jahre nicht berühren können und die nichts Vergängliches an sich haben kann.

Man muß zugeben, daß zum ersten Mal in der Metropolitan die letzten Augenblicke eines Stückes nicht durch die Flucht des Auditoriums totgetrampelt wurden. Ferner, daß eine Liste derer, die anwesend waren, zuverlässige Auskunft geben würde über alle Leute, die in New York bekannt und berühmt sind. "

Erzähler:

In Boston wird sie von Publikum und Presse enthusiastisch gefeiert, in kleineren Städten der *USA* ebenfalls, so daß sie wieder Selbstvertrauen gewinnt und einen Vertrag über eine unmittelbar anschließende weitere Tournee durch Nordamerika abschließt: Chicago, *San Francisco*, Philadelphia, *New Orleans*, dann Havanna.

Aber vierzehn Tage auf Cuba strengen sie übermäßig an. Körperliche Qualen und seelische Angstzustände.

Anschließend im milden Kalifornien lebt sie noch einmal auf, fühlt sich wohl. In *Los Angeles* hat Charlie Chaplin sie damals auf der Bühne gesehen. Er berichtet:

Charlie Chaplin:

"Als die Duse nach Los Angeles kam, vermochte weder ihr Alter noch ihr nahe bevorstehendes Ende den Glanz ihres Genies zu trüben.

Ein hervorragendes italienisches Ensemble unterstützte sie. Ein gut aussehender junger Schauspieler leistete vor ihrem Auftreten ganz Vorzügliches und riß das Publikum mit. Ich fragte mich, wie wohl die Duse die große Leistung eines jungen, bemerkenswert guten Schauspielers übertreffen wollte.

Da trat sie von links unauffällig durch einen Torbogen auf die Bühne. Hinter einem Korb weißer Chrysanthemen, der auf einem Flügel stand, verhielt sie einige Augenblicke und begann, bedächtig die Blumen zu arrangieren.

Ein Murmeln lief durch das Theater.

Von diesem Augenblick an sah ich nicht mehr den jungen Schauspieler – nur noch die Duse.

Sie blickte weder den jungen Schauspieler noch einen anderen Darsteller an, sondern fuhr wortlos fort, die Blumen zu arrangieren und dem Bukett noch weitere hinzuzufügen, die sie mitgebracht hatte. Als das getan war, ging sie langsam schräg über die Bühne, setzte sich in einen Lehnstuhl am Kamin und schaute ins Feuer.

Einmal, nur ein einziges Mal blickte sie auf und betrachtete den jungen Mann, und in diesem Blick lagen die ganze Weisheit und der ganze Schmerz der Menschheit.

Dann fuhr sie fort zu lauschen und sich die Hände zu wärmen – schöne, empfindsame Hände. Auf die leidenschaftliche Anrede des jungen Mannes antwortete sie gelassen und schaute dabei weiter ins Feuer.

Da war nichts von Theatralik; es war eine Stimme, die aus der verhaltenen Glut tragischer Leidenschaft emporschlug.

Ich verstand kein einziges Wort, aber ich begriff, daß da die größte Schauspielerin auftrat, die ich je gesehen hatte."

Erzähler:

136

Mitte März 1924 weigert sie sich, das bekömmliche Klima Kaliforniens zu verlassen, berichtet die mitreisende Kollegin Enif Robert:

Enif Robert:
"In der Tat wäre es ein Leichtes gewesen, in San Francisco vier weitere Vorstellungen zu geben – oder noch mehr. Aber der Impresario ließ es nicht zu. Der festgesetzte Tourneeplan konnte nicht umgestoßen werden. So reiste sie schweren Herzens ab.
Auf der Reise durch die Prärien von Arizona litt sie unter dem feinen Staub, der durch die Doppelfenster des Schlafwagens hindurch in die Lungen eindrang.
In Detroit Schnee, Kälte, Regengüsse und Sturm. Sie zwang sich zu ängstlicher Schonung, verließ nie das Hotel und hütete ihre Gesundheit."

Duse:
"Mein Reich ist ein Hotelzimmer."

Erzähler:
Auch in Cleveland, in Indianapolis, in Pittsburgh: jeweils mit einer einzelnen Vorstellung. Dann ist noch einmal *New York* vorgesehen, wo bereits seit langem alle Vorstellungen ausverkauft sind. Dann soll es endlich zurück gehen: nach Italien.

Duse:
"Ich halte es mit den Impresarios nicht mehr aus. Hätte ich nur die Kraft, gleich nach New York zu fahren und dann aufs Schiff und weg ..."

Erzähler:
Am 1. April trifft sie in Pittsburgh ein: Nebel, Rauch, Industrie, Sirenen ...

Duse:

"Die scheußlichste Stadt der Welt. "

Erzähler:

Am 5. April soll sie hier wieder *"La porta chiusa"* spielen: *"Die verschlossene Tür"* von Marco Praga.

Gegen halb sieben läßt sie sich zum Theater fahren. Dort ist der Bühneneingang noch verschlossen. So muß sie – neben einem Plakat mit der Ankündigung *"The Closed Door"* – vor geschlossener Tür fünf Minuten in eisigem Regen stehen.

Duse:

"Wollen die mich denn umbringen? "

Erzähler:

In der Tat holt sie sich hier den Tod.

Sie spielt zwar noch die Vorstellung, bleibt dann aber mit einer Lungenentzündung im Hotelbett von Pittsburgh liegen.

Duse:

"Ich habe keine Angst vor dem Tod. Aber laßt mich nicht hier sterben. "

Erzähler:

Am 21. April 1924 stirbt Eleonora Duse in Pittsburgh.

Sie stirbt da in einem Hotelbett, wie sie auch in einem Hotelbett geboren wurde.

Ihre letzten Worte sind:

Duse:

138

"Schnell! Schnell! Wir müssen abreisen! Arbeiten!"

Erzähler:
Die ganze Welt ist erschüttert.
Gabriele d'Annunzio telegrafiert an Mussolini:

Gabriele d'Annunzio:
"Das tragische Geschick der Duse konnte sich in tragischerer Weise nicht erfüllen. Das italienischste Herz hat fern von Italien zu schlagen aufgehört. Ich bitte, daß der Staat dafür sorge, daß ihre irdischen Überreste Italien wiedergegeben werden. Ich bin sicher, daß heute alle Italiener meinen Schmerz fühlen."

Erzähler:
Unverzüglich kabelt Mussolini an d'Annunzio:

Mussolini:
"Das Geschick, welches die große Künstlerin ereilt hat, hat mich schmerzlich getroffen. Ich habe sofort dem Botschafter Caetani telegrafiert, in Vertretung der italienischen Regierung nach Pittsburgh zu fahren und Dispositionen zur Überführung der irdischen Überreste nach Italien auf Kosten des Staates zu treffen."

Erzähler:
Dann publiziert Mussolini einen pathetischen Nekrolog.
Die Überführung des Sarges nach Asolo wird zu einer unvorstellbaren Demonstration der Liebe und Verehrung.
In *New York* wird wieder der Verkehr gestoppt.
In der Straße von Gibraltar salutieren die andern Schiffe,

von Neapel bis zum norditalienischen Asolo wird ihr in allen Orten, durch die die Lafette mit ihrem Sarge kommt, mit Blumen und Fahnen in einer unvergleichlichen Darstellung von Landestrauer gehuldigt,
und für Trauergottesdienste werden Eintrittskarten ausgegeben.
In Asolo, in Venetien, ist das Grab der Duse.

Duse:
"Ich will in Asolo ruhen, zwischen dem Montello und dem Monte Grappa, und auf meinem Grabstein soll stehen:
Begnadet, verzweifelnd, vertrauend."

Erzähler:
Tochter Enrichetta Bullough war in Cambrige inzwischen *"eine strenge Katholikin, dann Mystikerin"* geworden. Ihr Sohn Haley Edward (1910-1967), den sie später zu Hugh Dominic umtaufte, wurde 27jährig Mönch (und ein *"Vater Sebastian"*), ihre Tochter Eleonora Ilaria (1912-2002) 17jährig Nonne (eine *"Schwester Mark Mark"*), beide bei den Dominikanern.
So also hatte Eleonora Duse keinerlei Urenkel, die ihre Genialität hätten erben oder weiterreichen können.
"Aber die Wirksamkeit dieser großen Menschendarstellerin war mit dem Tode ihres Körpers nicht zu Ende", schrieb noch dreißig Jahre später der Berliner Theaterkritiker Julius Bab und fügte dem hinzu:

Julius Bab:
"Ihre Wirkung auf die Nachzeit war sichtbarer als bei vielen Künstlern sonst.
Man hat, nicht ohne Sinn, gesagt, daß ihr Einfluß sich weit über die rein ästhetische Sphäre hinaus erstreckt habe und daß Eleonora Duse ein wichtiger Faktor in der modernen Frauenbewegung gewesen ist.

Nicht als ob sie aktiv in dieser Bewegung je eine Rolle gespielt hätte. Aber indem sie mit ihrer weiblichen Person ein reineres Abbild der menschlichen Seele hinstellte, als irgendein Mann in dieser Zeit es vermochte, wurde sie ein Wegweiser auf dem Weg zur klaren Erkenntnis der vollen Ebenbürtigkeit männlichen und weiblichen Wesens im menschlichen Bereich. Ein Wegweiser aber, hat ein sehr kluger Mann gesagt, muß den Weg nicht selber laufen – er steht und zeigt den andern, wohin sie zu gehen haben!

So zeigte Eleonora Duse den Weg zum Menschenrecht der Frau an."

Erzähler:

Das schrieb Julius Bab 1954,

und 1962, fast vier Jahrzehnte nach ihrem Tode, hat Siegfried Melchinger, damals Doyen der deutschen Theaterrezensenten, in einem Essay untersucht, warum wir bis heute nicht aufhören können, uns immer wieder mit dieser Schauspielerin der vorigen Jahrhundertwende zu beschäftigen,

einer Schauspielerin, die keiner von uns Heutigen noch auf der Bühne gesehen hat,

die wir nur als Legende, aus Berichten und von zahllosen unvergeßlich eindrucksvollen Fotografien her kennen.

Melchinger pries die Duse als *"die leidenschaftlichste Feindin aller Klischees"* und kam dann zu einem Resümee, dem er den Titel *"Die Lehren der Duse"* gab:

Siegfried Melchinger:

"Die Lehren der Duse.

Zweierlei scheint mir die Beschäftigung mit dem Phänomen der Duse vor allem zu lehren.

Zunächst, daß sich das schauspielerische Talent von selbst versteht und daß nichts mit ihm allein gewonnen ist. Es gehört geradezu zu den Merkmalen des Talents, daß es zur Arbeit anstachelt, daß es spürt und erkennt, was zu arbeiten ist, und daß es einsieht, wie unaufhörlich es an sich zu arbeiten hat, wenn es die Dimension zwischen Vision und Wirklichkeit einigermaßen bewältigen will.

Worauf nun war das Ziel der Arbeit bei der Duse gerichtet? Auf das Gegenteil von Virtuosität: auf Wahrheit, auf Einfachheit. Aber auch das sind klischierte Worte, der Sachverhalt ist viel komplizierter. Die Duse lehnte den Verismus ihrer Zeit ebenso ab wie die antirealistischen Tendenzen der Jahre nach 1910 (den Futurismus, die Groteske). Silvio d'Amico –

Erzähler:
– italienischer Theaterkritiker –

Siegfried Melchinger:
– berichtet, sie habe einen Horror vor dem Realismus gehabt und nicht zugeben wollen, daß ihr angebeteter Ibsen ein Realist gewesen sei. Wir verstehen sie heute besser, wie sie mit unbeholfenen Worten klar zu machen versuchte, daß Ibsens 'Frau vom Meer' nicht das Drama einer einzelnen weiblichen Seele sei, sondern das 'Drama von allen'.

Und das ist die andere Lehre, die wir aus der Beschäftigung mit dem Phänomen der Duse ziehen sollten:

daß sie, wie alle Großen ihrer Kunst, das Drama zwischen Sein und Schein im Leben und auf der Bühne erlitten hat und daß dieses Drama hinter allen Dramen das tiefste und unentrinnbarste ist, das wir spielen und mitspielen.

Von der Kraft, die sie zu spielen antrieb, sagte sie, sie habe nur eine einzige Quelle: 'Das Leben'. Und doch weigerte sie sich, das Leben abzubilden, wie es ist. Sie wünschte, die M ö g l i c h k e i t e n des Lebens zu spielen, Wunschträume und Albträume ... "

Duse:
" ... die Linien, die ewig sind ... "

142

Siegfried Melchinger:

"Sie spielte Gleichnisse. Sie spielte Ibsen wie Sophokles oder Shakespeare. Verwandlung war für sie nicht Loslösung von der Realität, sondern Steigerung des Lebens, Entdeckung von Möglichkeiten des Menschseins.

Sie hatte etwas von einer Mänade; aber das Mänadische in ihr rang um Wahrheit, um Einfachheit, um Schönheit.

Als der später vor allem im Film berühmt gewordene Regisseur Rouben Mamoulian sie einige Monate vor ihrem Tode in London sah, bekannte er, nie habe er die Wirkung der Katharsis, die reinigende Macht des Theaters, tiefer gefühlt als beim Spiel der Duse; indem sie erschütterte, ließ sie in den Menschen Gefühle entstehen, derer sie in ihrem gewöhnlichen Leben nicht fähig zu sein schienen. "

Duse:

Puah!

Siegfried Melchinger:

"Das Phänomen der Duse lehrt uns, daß wir nicht aufhören sollten, solche Stunden zu suchen. "

Erzähler:

Heute gibt es in Bari und Genua, in Rom und Bologna Theater, die ihren Namen tragen: Eleonora Duse. Duse-Theater.

Alfred Kerr jedoch – aber nicht als Kritiker, sondern Alfred Kerr als Lyriker schrieb einen Hymnus in Versen

auf die Duse als Ella Rentheim in Ibsens *"John Gabriel Borkman"*:

Alfred Kerr:

"Sie spielt schon längst nicht mehr Komödie,
    Und 'Rollen' gibt sie gar nicht mehr,

Gestaltet nur als fessel-ledige
    Nachschöpferin ... ein Ungefähr.

Erzähler:

Den Neffen Erhard mimt ein Ekel –

Alfred Kerr:

    Doch wer bemerkt es, wenn sie spricht?
Still malt der Tod sein Menetekel
    In dieses Menschenangesicht.

Aus längst verschollenen Lebensfernen
    Tritt sie herein mit grauem Haar.
Ein Schattenglanz von dunklen Sternen
    Umseelt die Züge wunderbar.
Das letzte Duften einer Blume
    Im letzten Schein des letzten Lichts:
An solches mahnt mich die postume,
    Verstummte Schönheit des Gesichts.

Erzähler:

(Im Stillen fühl' ich, fast erbittert,
    Wie ich die Andren jetzt verlor;
Wer mich auch ehedem erschüttert,
    Er kommt mir heut plebejisch vor.

Alfred Kerr:

Daß doch vor deiner Handgebärde
    So vieles in ein Nichts zerfällt!
Sie alle sind von dieser Erde –
    Du aber stammst aus jener Welt.) "

Literatur

Claudia Balk: Theatergöttinnen. Inszenierte Weiblichkeit. Clara Ziegler – Sarah Bernhardt – Eleonora Duse. Schriften der Gesellschaft für Theatergeschichte, Band 72. Berlin 1994

Gertrud Bäumer: Eleonora Duse. Tübingen 1958

Eleonora Duse. Bildnisse und Worte. Gesammelt, übersetzt und herausgegeben von Bianca Segantini und Francesco von Mendelssohn. Berlin 1926

Ria Endres: Wie viele Sonnenuntergänge habe ich versäumt, weil ich ins Theater gehen mußte. Die Tragödin Eleonora Duse. In: Ursula May (Hg.), Theaterfrauen. Fünfzehn Porträts. Frankfurt am Main 1998

Alfred Kerr: Die Welt des Dramas. Berlin 1917

Doris Maurer: Eleonora Duse mit Selbstzeugnissen und Bilddokumenten. Reinbek bei Hamburg 1988

Frederic W. Nielsen: Eleonora Duse. Das Wort. Porträt einer großen Frau. Ruit 1974

Giovanni Pontiero: Eleonora Duse: In Life and Art. Frankfurt am Main · Bern · New York 1986

Olga Resnevic-Signorelli: Eleonora Duse. Leben und Leiden der großen Schauspielerin. Übersetzt von Hanna Kiel. Berlin (1939)

Rainer Maria Rilke: Die Aufzeichnungen des Malte Laurids Brigge, Leipzig 1910

Rainer Maria Rilke: Der neuen Gedichte anderer Teil (1908). In: Die Gedichte, Frankfurt am Main 1986

Edouard Schneider: Eleonora Duse. Erinnerungen, Betrachtungen und Briefe. Übertragen von Thesi Mutzenbecher, Leipzig (1926)

Amy Smith: Hermine Körner. Berlin 1970

DER SPIEGEL, Nr. 51-52/1947: Pilgerfahrt der Leidenschaft. Die Duse mit den schönen Händen, 20. Dezember 1947

Personenregister

Eingeklammerte Seitenzahlen verweisen auf Erwähnung ohne Namensnennung

148

Die Deutsche Nationalbibliothek verzeichnet diese Publikation
in der Deutschen Nationalbibliografie;
detaillierte bibliografische Daten
sind im Internet über <http://dnb.ddb.de> abrufbar.

Hersteller: Books on Demand GmbH, Norderstedt
<ORPHEUS und SÖHNE> Verlag Hamburg 2010
ISBN 978-3-938647-19-6

< O R P H E U S U N D S Ö H N E > V E R L A G

BÜCHER VON HANNO LUNIN

DREI TOLLE TAGE
Deutsche Szenen mit Gesang
zum 9., 10. und 11. November
ISBN 978-3-938647-11-0

DIE KINDERRASSEL
Briefe mit Reden und Essays von Willi Schmidt
zum deutschen Theater zwischen 1953 und 1974
ISBN 978-3-938647-09-7

BÜCHER VON SIMON PELLEGRINI

KREOL BEDUÏN & TRANS
Drehbücher zu drei Fernsehspielen:
Safety First – Maktub oder Das Gesetz der Wüste – Eine Feldstudie
ISBN 978-3-938647-10-3

KAISERWETTER! (DU GUTE ALTE ZEIT!)
Ein episches Drehbuch zur wilhelminischen Skandalaffäre von Kotze
ISBN 978-3-938647-12-7

BÜCHER VON MORITZ PIROL

HALALÍ
Zwanzig Porträts in zwei Bänden
ISBN 978-3-938647-17-2 + 978-3-938647-18-9

STERNGUCKER ODER DAS IDYLL EINES OBDACHLOSEN
Schiller-Trilogie auf den Spuren von Brief- und Schelmenroman
ISBN 978-3-938647-00-4 + 978-3-938647-01-1 + 978-3-938647-02-8

HAHNENSCHREIE
Netzcollage in zwei Bänden
um einen Theater- und Fernsehmann
ISBN 978-3-938647-15-8 + 978-3-938647-16-5